Elke Fahrenheim

Seelenarbeit & Channeling

Kontakt mit deinen geistigen Helfern

Smaragd Verlag

Haftung

Die in diesem Buch enthaltenen Informationen sollen der Aufklärung dienen und ersetzen keine medizinische Diagnose, ärztliche Verordnung oder Behandlung. Sie ersetzen auch nicht den Besuch bei einem Arzt oder Heilpraktiker. Der Inhalt ist allenfalls als Begleitung und Ergänzung zu einem vernünftigen und verantwortungsvollen Gesundheitsprogramm gedacht. Autor und Verlag können für unsachgemäßen Gebrauch keine Haftung übernehmen.

Bitte fordern Sie unser kostenloses Verlagsverzeichnis an:

Smaragd Verlag e.K.
Neuwieder Straße 2
D-56269 Dierdorf
Tel.: 02689-92259-10
Fax: 02689-92259-20
E-Mail: info@smaragd-verlag.de
www.smaragd-verlag.de

Oder besuchen Sie uns im Internet unter der obigen Adresse und melden Sie sich für unseren Newsletter an.

Erste Auflage: Juni 2016

Umschlaggestaltung: preData
Satz: preData
Printed in Czech Republic
ISBN 978-3-95531-132-2

Inhalt

ÜBUNGSTEIL CHANNELING

Wie alles begann...

Nie hatte ich vor, das Channeln zu lernen, denn meiner Meinung nach war es nur auserwählten Personen, die sich als Medium eignen, vorbehalten, wozu ich ganz sicher nicht zählte. Ebenso wenig wie ich jemals heilerisch unterwegs sein wollte, denn ich empfand die Heilarbeit als große Verantwortung, und davon hatte ich beruflich schon genug hinter mir. Zu dem Zeitpunkt, als ich mich dafür entschied, nur noch die Leichtigkeit zu leben, wurde mir durch ein Medium in einem Channeling mit Erzengel Uriel mitgeteilt, dass Fähigkeiten in mir schlummern würden, die gelebt werden möchten. Ich wehrte mich mit Händen und Füßen dagegen, landete aber irgendwie doch in einer Erzengel-Heiler-Ausbildung. Nun ja, dachte ich mir, für das erste Modul der Ausbildung kann ich mich ja mal anmelden, und dann sehe ich weiter. Und ohne so recht zu wissen, wie das alles vor sich ging, fand ich mich in den weiteren Modulen der Ausbildung wieder, und als das Thema Seelenarbeit und Channeling an der Reihe war, fühlte ich mich wie angekommen.

Meine ersten zarten Channel-Versuche hatte ich in meinem kleinen, zumeist kühlen Schlafzimmer, wo mich normalerweise niemand von der Familie vermutete. In der Regel war ich hier eine Zeit lang ungestört. In der Erzengel-Heiler-Ausbildung erhielt ich von jedem der sieben Erzengel (Seraphim) Chamuel, Uriel, Michael, Jophiel, Gabriel, Zadkiel und Raphael eine Einweihung, um ihnen als Kanal dienen zu dürfen. Nach den Einweihungen stellte ich zu meinem großen Erstaunen fest, dass sich die Energien der Erzengel sehr unterschiedlich anfühlten und sich ganz verschiedene Bilder und Botschaften zeigten. Die Energie von Erzengel Michael unterschied sich deutlich von den

Schwingungen der Erzengel Jophiel oder Gabriel. Diese Zusammenkünfte in meinem Schlafzimmer mit den Erzengeln war der Beginn einer intensiven und wundervollen Zeit und zugleich ein Neubeginn in meinem Leben. Sie übermittelten mir, alles, was ich an Informationen erhielt, niederzuschreiben und es dann einem Verlag zu schicken. Meine Skepsis, besonders die meiner Familie, war ziemlich groß, hatte ich doch keine Erfahrung im Verfassen von Texten. Im Gegenteil, in dem Fach Deutsch war ich früher ziemlich schlecht. Als wir noch Postkarten aus dem Urlaub verschickten, ging ich folgendermaßen vor: Ich formulierte einmal einen Text, schrieb ihn 15-mal ab und verschickte ihn an alle meine Verwandten und Freunde.

So folgte ein intensives Jahr, in dem mich die Engel schulten und ich mich im Schreiben üben durfte. Am Anfang verstand ich auch die Botschaften der Engel nicht sehr gut und bat sie, mir das Übermittelte als Bild zu zeigen. Dazu hatte ich einen besseren Zugang. Aus den Bildern und später auch Botschaften entstanden viele wunderschöne Meditationen und zugleich mein erstes Buch. Ein zweites Buch durfte dann sehr schnell folgen. Aus dieser Erfahrung lernte ich Folgendes: Ist ein Impuls da, mit etwas Neuem zu beginnen, dann nimm es in Angriff, auch wenn du glaubst, du kannst es nicht. Die Geistige Welt ist stets an deiner Seite und unterstützt dich liebevoll. Und wenn du, liebe Leserin, lieber Leser, dich zum Channeln hingezogen fühlst, und davon gehe ich aus, denn sonst würdest du dieses Buch nicht in Händen halten, möchte ich dir Mut machen, damit zu beginnen. Denn Channeln lernen kann jeder. Sei bitte so gut und lies das Buch ganz durch, bevor du mit dem Channeln beginnst, so ist gewährleistet, dass alle wichtigen Informationen aufgenommen wurden.

Einführung

Channeln zu lernen ist die allerwichtigste Praktik,
die ein Mensch erlernen kann,
um sein eigenes spirituelles Wachstum zu beschleunigen.

Vywamus

Channeln ist eine Fähigkeit, die jeder erlernen kann und die unsere seelische Entwicklung positiv beeinflusst. Durch die Anhebung der Eigenschwingung werden wir fähig, mit unserer geistigen Führung in Kontakt zu treten. Der direkte Kontakt findet anfangs auf einer höheren Ebene statt, um aus der irdischen Dichte herauszukommen und eine stabile Verbindung aufzubauen. Mit der Zeit ist die Verbindung aber auch über unser Energiefeld möglich, sodass wir im Alltagsbewusstsein Anregungen von unserem Geistführer erhalten. Zudem wird die Beziehung immer intensiver, und die Gedankengänge vom Geistführer unterscheiden sich kaum noch von unserem Denken.

Unsere geistigen Führer begleiten uns durch unser Leben und kennen uns sehr gut. Sie sind hervorragende Berater für unsere alltäglichen Fragen und unterstützen uns auf unserem spirituellen Weg. Der Kontakt zu einem höheren Geistführer bedeutet immer eine Schwingungserhöhung, sowohl für uns, als auch für unsere Umgebung.

Wir haben einen oder mehrere Geistführer – je nachdem, was unserem Seelenplan entspricht und unsere irdischen Interessen sind, können dies höhere Geistwesen wie Aufgestiegene Meister und auch Engel und Erzengel sein. Ebenso gehören zu der geistigen Führung unsere Schutzengel, Krafttiere und Lichtwesen, wie zum Beispiel Elfen und Feen, Einhörner, Drachen und viele andere. Haben wir spezielle Fragen an die Geistige Welt, erscheint unter Umständen ein Wesen, das zu dieser Frage Antwort geben kann. Spirituelle Fragen und Fragen zu den Themen *Erwachen* und *Erleuchtung* beantwortet beispielsweise gerne Erzengel Jophiel. Geht es um unseren Seelenplan und die eigene Wahrheit, ist Erzengel Michael ein guter Ansprechpartner.

Normalerweise haben wir einen oder mehrere Geistführer, die uns beraten und helfen, in unsere eigene Kraft zu finden. Ebenso ein Hauptwunsch vieler Menschen ist es, jemanden an ihrer Seite zu wissen, der sie begleitet und an den sie sich wenden können, wenn sie es brauchen. Eine liebevolle Schulter zum Anlehnen. In mir taucht ein Bild auf von einer großen Hand, in der ein Baby liegt und schlummert. Es fühlt sich geborgen und sanft behütet. Es ruht in dem absoluten Vertrauen, dass alles gut ist und es sich keine Sorgen machen muss. Genauso empfinde ich meine geistige Führung. Wenn ich über etwas in meinem Leben beunruhigt bin, habe ich stets Ansprechpartner. Dennoch trage ich immer die Verantwortung für meine Entscheidungen, denn diese treffe ich selbst. Für mich ist die geistige Führung wie eine höhere Instanz, die zu jeder Tages- und Nachtzeit für mich da ist, wie ein persönlicher, liebevoller Lehrer, der mich innerhalb meines Seelenplans berät.

Die Erde befindet sich zur Zeit in einer Schwingungserhöhung, wodurch es deutlich leichter wird, mit der Geistigen Welt in Kontakt zu treten, denn die Schleier um unsere hellen Sinne, wie Hellsehen, Hellhören, Hellfühlen und Hellwissen, heben sich langsam, was allerdings manche Menschen auch in Schwierigkeiten bringen kann. Beschäftigt sich jemand nicht mit spirituellen Dingen und sieht plötzlich für andere unsichtbare Wesen oder hört Stimmen, die nicht zugeordnet werden können, kann das starke Ängste auslösen.

Bei uns Menschen sind die hellen Sinne im Verborgenen schon angelegt, und jetzt dürfen wir sie wieder leben. Wir erhalten unsere hellen Gaben zurück. Sicher fühlen sich aus diesem Grund auch so viele Menschen zum Channeling hingezogen, und es gibt zunehmend mehr Literatur über Engel und andere Wesen. Das alles gehört zum Aufstieg, auch wenn manch einer enttäuscht ist, dass nach dem 21.12.2012 scheinbar nichts Großes geschehen ist. Oder sich zumindest anscheinend nichts zum Positiven hinbewegt hat, aber der Aufstieg findet nun einmal in jedem Menschen selbst statt.

Was sagt nun die Geistige Welt zu den Veränderungen auf der Erde? Es heißt, es wird immer wichtiger, den Kontakt zur geistigen Führung und besonders zum eigenen Höheren Selbst zu pflegen, denn es ist viel Angst in unserer Dimension vorhanden, und es wird verstärkt versucht, Manipulation, Kontrolle und Macht über die Menschen auszuüben. Das äußere Leben wird energetisch gesehen enger, aber die gute Nachricht ist: Der innere Kanal zur eigenen Ur-Seele und zur Quelle, ungeachtet der äußeren Veränderungen, wird weiter, je mehr wir damit arbeiten. Hierdurch haben wir einen Anker, der uns in einer unsicheren Welt Vertrauen gibt. Des Weiteren erhalten wir durch die zunehmende Feinstofflichkeit immer besseren Zugang zum kosmischen Wissen und können stets darauf zurückgreifen.

Viele Menschen haben verstanden, dass es einzig um die Liebe geht und den Weg der Liebe ganz und gar in den eigenen Fokus zu stellen. Das ist es, was wir in Wahrheit sind, und keine Macht im Außen kann daran etwas ändern.

☆☆☆

Welche Arten von Channeling gibt es?

Direktes Channeln – Ein Wesen spricht durch mich

Direktes Channeln bedeutet, ein geistiges Wesen fließt mit einem Energiestrahl in mich ein und spricht direkt durch mich. So arbeite ich, wenn ich Engelbotschaften erhalten möchte oder in Seminaren für Teilnehmer einen Erzengel channele. Praktisch gesehen sitzt der Klient/die Klientin direkt vor der Erzengelenergie, und der Erzengel führt ein Gespräch mit ihm/ihr. Das hat den Vorteil, dass konkrete Fragen an den Erzengel gestellt werden können. Zudem kann der Erzengel auch gleich (natürlich immer mit dem Einverständnis des Klienten/der Klientin) energetisch arbeiten. Es werden Blockaden gelöst, Seelenanteile zurückgeführt, die Chakren gereinigt und energetisiert, und meistens fühlt sich der Klient/die Klientin hinterher deutlich erleichtert. Einiges an Ballast durfte gehen.

Während des direkten Channelns ist mein Bewusstsein nur zum Teil anwesend, gerade so viel, dass ich mich an die Mitteilung hinterher für eine kurze Zeit erinnere. Diese kurze Zeitspanne nutze ich, um eventuelle Unklarheiten mit den TeilnehmerInnen zu besprechen, denn meistens erhalte ich während des Channelings noch weiterführende Erkenntnisse zu der jeweiligen Person.

Noch eine Eigenheit des direkten Channelings ist, dass ich meinen Körper nicht mehr vollständig unter Kontrolle habe, was bedeutet, ich kann mich entweder gar nicht mehr oder nur unter großer Kraftanstrengung bewegen. Aus diesem Grund benötige ich eine Assistentin, die aktiv werden kann, wenn ein

Teilnehmer von der erhaltenen Botschaft sehr berührt ist und Unterstützung braucht. Oder ich müsste das Channeling beenden, was nicht unbedingt der Gruppe dient.

Von anderen Medien wissen wir aber auch von Geistwesen, die es sogar vorziehen, wenn das Medium herumläuft. Beispielsweise Jani King, die P'taah channelt. Oder der brasilianische Heiler João de Deus, der sich durchaus bewegen kann und als Medium heilende Handlungen an den Menschen ausführt.

Die direkte Art des Channelns würde ich persönlich niemandem empfehlen, der keine Erfahrung mit dem Channeln hat oder sich mit Energien nicht so auskennt. Wenn wir uns sehr weit öffnen und Energien in uns einfließen lassen, sollten wir unbedingt wissen, mit wem wir in Kontakt sind. Und dennoch gibt es keine 100-prozentige Sicherheit, immer hochschwingende Wesenheiten anzuziehen, genauso wenig, wie wir auf der Erde keine 100-prozentige Sicherheit haben, niemals einen Unfall zu erleiden oder eine Krankheit zu bekommen. Aber natürlich liegt es in unserem eigenen Ermessen, wie sicher wir leben wollen. Fahre ich zum Beispiel mit 200 Stundenkilometer auf der Autobahn, bin ich in größerer Gefahr, als wenn übersichtliche 120 Stundenkilometer auf dem Tacho angezeigt werden.

In der Neuen Zeit wird sich die direkte Art des Channelns mehr und mehr verabschieden, denn je mehr ein Channelmedium in seine eigene Kraft kommt, umso leichter wird es, das eigene Höhere Selbst zu channeln. Es sind keine äußeren Helfer mehr vonnöten, wenn wir lernen, mit unserer Ur-Seele in Kontakt zu treten. Unsere Ur-Seele/Höheres Selbst weiß alles über uns und kann uns sehr gut durchs Leben führen und auf unserem Seelenweg begleiten. Und auch für andere, die Hilfe und Rat suchen, kann es heilbringende Auskünfte geben. Das Höhere Selbst ist nicht im Außen zu finden, sondern hat sein Zuhause in unserem Inneren. Nach meiner Erfahrung fühlt jeder Mensch das Höhere Selbst woanders, einige im Herzen, manche im Bauchraum und wieder andere im Dritten Auge oder in der Zirbeldrüse. Hier gibt es keine Vorschriften, es geht immer darum, auf sich selbst zu hören. Nach meinem Gefühl befindet sich das Höhere Selbst in jeder Zelle unseres Körpers, denn unser menschlicher Körper ist aus einer einzigen Zelle entstanden. Dieser ersten Zelle wurde durch den göttlichen Atem Leben eingehaucht, und sie hat die Information an alle weitere Zellen übertragen. Gehen wir noch einen Schritt weiter, ist jedes Wesen und jede Pflanze eine Zelle im großen göttlichen Körper, und wir alle haben unterschiedliche Aufgaben zu erfüllen, damit der göttliche Körper in Einheit und Harmonie schwingt. Damit das in Vollendung geschehen kann, ist es vonnöten, dass wir alle in unsere Kraft und Liebe kommen, Verantwortung für uns und unser Leben übernehmen und uns selbst fähig und groß fühlen. Die Engel sagen: *„Niemand ist so klein, wie er im menschlichen Dasein manchmal zu sein glaubt.“*

Wenn wir nun auch noch bedenken, dass es viele inkarnierte Engel und Meister auf der Erde gibt, channeln viele sich ohnehin selbst. Aber nur wenige trauen sich, öffentlich zu bekunden, ein Engel zu sein.

Indirektes Channeln – Ein Wesen spricht mit mir

Hier bin ich Kanal für die Geistige Welt, aber das geistige Wesen hat nicht meinen Körper in Besitz. Vielmehr begegne ich dem Engel oder Geistwesen auf gleichwertiger Ebene. Der Unterschied ist, ich erhalte Informationen, kann diese verbal weitergeben, bin aber noch handlungsfähig. Sozusagen besetzt die Energieform nicht meinen Körper. Denn wie oben beschrieben, wird bei der direkten Art des Channelns unser Körper ausgefüllt mit einer „fremden" Energieform, und diese nährt sich an unserer Schwingung, selbst wenn es sich um eine Engelenergie handelt. Die indirekte Art des Channelns empfinde ich als deutlich angenehmer und wende sie während Meditationen und Einzelsitzungen an.

Beim indirekten Channeln hält sich das geistige Wesen in meiner Nähe auf, und über Energieströme formen sich in meinem Gehirn Gedanken und Bilder, die ich in Worte ausdrücken kann. Diese Art des Channelns schwingt in der Energie der Neuen Zeit, denn hier stehen wir auf Augenhöhe zu der Wesenheit, und dadurch können wir sehr gut in unserer eigenen Energie bleiben. Die nächste Stufe wäre, das eigene Höhere Selbst zu channeln, wozu ich später noch komme.

Für die indirekte Art des Channelns brauchen wir vor allem Vertrauen und Hingabe. Das Vertrauen wächst mit der Übung und den positiven Ergebnissen. Hingabe ist etwas, was wir nicht gewohnt sind, aber durchaus lernen können.

Natürlich gibt es noch weitere Formen des Channelns, die in anderen Büchern ausführlich beschrieben werden, ich möchte mich jedoch in diesem Buch auf das indirekte Channeln konzentrieren und eine möglichst klare Anleitung dazu geben.

☆☆☆

Den eigenen Geistführer kennenlernen

Erzengel Jophiel sagt:

„Die eigene geistige Führung kennenzulernen ist ein sehr wertvoller Prozess, denn ihr erhaltet Informationen und Anregungen, wie ihr den Weg zu euch selbst gehen könnt. Ihr erfahrt Unterstützung auf eurem Seelenweg, sodass ihr ihn mit viel Liebe und Freude beschreitet. Menschen gehen häufig Umwege, stecken manchmal im Labyrinth fest, kennen den Weg nicht mehr und wissen nicht, wo sich der Ausgang befindet. Hat ein Mensch gelernt, seine geistige Führung zu kontaktieren, findet er schneller auf den Pfad zurück und kann auf einer Geraden weitergehen.

Natürlich kommt ihr alle irgendwann im Licht des Einen an, jedoch mit der Hilfe der geistigen Führung wird euer Weg klarer, und ein schnelleres Voranschreiten ist möglich. Zudem erfüllt ihr das, was ihr euch für dieses Leben vorgenommen habt, wodurch Zufriedenheit, ein Im-Frieden-Sein, euren Pfad beleuchtet. Im Frieden sieht der Weg aus wie ein klarer, heller Morgen. Ihr wisst, was zu tun ist, und fühlt euch im Einklang mit dem, was euch begegnet. Der Geistführer erscheint euch an diesem klaren, hellen Morgen und geht mit euch ein Stück des Weges, so lange, wie ihr es für diesen Entwicklungsschritt benötigt. Wurde ein Entwicklungsschritt erfolgreich absolviert, erscheint unter Umständen ein anderer Geistführer, der die nächsten Schritte mit euch geht. Vielleicht habt ihr aber auch Geistführer an eurer Seite, die den ganzen Weg mit euch beschreiten.

Geistführer entwickeln sich auch weiter, es gibt im Universum keinen Stillstand, so dienen sie nicht nur eurer See-

le, sondern ihr dient ihnen ebenso. Geistführer schwingen auf verschiedenen Ebenen, und je nachdem, wo ihr euch befindet, zieht ihr geistige Führer an, die höher stehen als ihr. Das sehen wir nicht als Wertung. Auch wir Seraphim entwickeln uns weiter, so, wie alle Wesenheiten im Universum, so lange, bis wir alle wieder EINS werden in Gott und in die Einheit zurückfließen. Was nicht bedeutet, dass es in der Einheit nichts zu tun gibt. So unterliegen alle Energien einem stetigen Entwicklungsprozess, und wir unterstützen uns gegenseitig. Es kann durchaus auch mal ein Wesen bei euch erscheinen, das nicht auf einer hohen Entwicklungsstufe schwingt, aber etwas von euch lernen kann. Ihr müsst euch nicht mit dem Wesen befassen, es ist nur für eine Weile da, um sich wie ein Schüler etwas abzuschauen oder etwas zu hören, was seiner eigenen Entwicklung dient."

***

Als ich mich entschloss, ein Seminar zum Thema „Channeln lernen" zu geben, lernte ich einen neuen Geistführer kennen, der mich speziell bei diesem Thema unterstützte.

Am Anfang erhielt ich verschiedene Namen, und der eigentliche Name kristallisierte sich erst im Laufe einiger Tage heraus. Es war wie das Kennenlernen eines neuen Freundes oder einer Freundin. Ganz sachte tastete ich mich heran und ließ mir auch Zeit, um Vertrauen aufzubauen. Er gab mir sehr viele Informationen für das Seminar und zeigte mir auch ein Buch, das zum Thema Channeln entstehen würde. Obwohl ich noch drei weitere Geistführer habe, die ich schon länger kenne, rückten sie in dieser Zeit etwas in den Hintergrund. Dennoch spürte ich ihre Energien, die in mein Sein einströmten und mir meinen Weg zeigten.

Welche Aufgaben haben die Geistführer?

Erzengel Jophiel sagt:

„Geistführer sind liebende Seelen, liebende Lichter, die stets an eurer Seite sind, ihr Licht auf euch scheinen lassen und Glücksmomente in euer Leben zaubern. Glücksmomente dienen euch, um euren Weg in Leichtigkeit und ohne Anstrengung zu gehen, denn in der Leichtigkeit schwingt ihr höher und erkennt die Wahrheit.

Stellt euch vor, ihr gleitet in großer Höhe auf den Schwingen eines Adlers durch die Lüfte und schaut auf euer Leben herab. Aus dieser höheren Sicht werden alle eure Sorgen klein und unbedeutend, ihr seht das Größere, das Himmlische, und ihr fühlt die liebevolle Anbindung an Gott. Innerhalb dieser liebevollen Anbindung arbeitet und schult euch der Geistführer. Seine Energie gleitet auf einem Lichtstrahl zu euch und gibt euch beständig Lichtimpulse, damit ihr klar sehen könnt. Die Worte, die euch der Geistführer übermittelt, versteht ihr manchmal nicht, sie kommen durch die irdische Dichte nicht immer bei euch an, jedoch wird die Energie über den Strahl direkt in euer reines Sein transportiert. Aus diesem Grund lehren wir euch, ins reine Sein zu gehen und euch im reinen Sein zu erkennen.

Der einfachste Weg, das reine Sein zu erfahren, ist in die Stille zu gehen, sich dem reinen Sein zu öffnen und sich ganz darin niederzulassen. Es ist eure wahre Essenz, und eure Seele weiß, was gemeint ist, wenn ihr sagt: „Ich gehe in mein reines Sein.“ Je öfter ihr das geschehen lasst, umso mehr könnt ihr sehen und fühlen, dass das reine Sein der Kern einer jeden Zelle ist. Der Kern einer jeden Zelle ist göttlich, das ist alles, was ihr wissen müsst, und dann geht es nur noch ums Wahrnehmen.

Habt ihr einen Zugang zu inneren Bildern, dann seht euch an, wie das reine Sein aussieht. Euch in das reine Sein zu bringen, ist eine der Aufgaben der Geistführer, aber natürlich dienen sie euch auch in alltäglichen Fragen, die euch beunruhigen. Und wie ihr wisst, herrscht auf der Erde viel Unruhe."

***

Zusammenfassend kann gesagt werden, dass geistige Führer uns innerhalb unseres eigenen Seelenplans unterstützen, begleiten und unterrichten. Sie reichen uns eine hilfreiche Hand, geben uns Vertrauen und Sicherheit, dass alles in der göttlichen Ordnung ist. Anstatt Geistführer können wir sie auch geistige Begleiter nennen, denn im Grunde führen sie uns nicht, sie begleiten uns, und wir begleiten sie. Hand in Hand marschieren wir alle in Richtung EINHEIT, es ist nur eine Frage der Zeit, wann alle Wesen bereit sind, in die Liebe zurückzukehren. Wahrscheinlich dauert es noch einige Millionen Jahre, bis sich alles gewandelt hat und es nur noch die EINHEIT gibt. Aber wie ich finde, haben wir durch unsere geistigen Begleiter eine sehr kraftvolle Unterstützung, den kürzesten Weg zu nehmen.

Geistige Begleiter antworten nicht nur in einem persönlichen Channeling, sondern auch durch Visionen, Ideen, Eingebungen, Träume und sogenannte Zufälle. Wir stoßen auf Texte im Internet, in einem Buch und sogar Werbeanzeigen. Oder es zieht uns in ein Seminar, in dem wir wertvolle Informationen erhalten. Und nicht selten sprechen Engel und Lichtwesen direkt durch andere Menschen zu uns. Auch wenn hier meistens vom Geistführer die Rede ist, bedeutet das nicht, dass die geistigen Helfer männliche Wesen sind. In meiner Wahrnehmung sind Wesen auf der geistigen Ebene androgyn, und es spielt im Grunde keine Rolle, ob männlich oder weiblich. Die weiblichen und männlichen Anteile sind in einem Geistwesen ausgeglichen, Unterschiede sind eher in der Ausstrahlung und in unserer persönlichen Zuordnung zu bemerken. Einen sanften, liebevollen und mitfühlenden Engel ordnen wir eher einer weiblichen Form zu, in einem Engel, der schon mal Klartext mit uns spricht, fühlen wir eine männliche Energie. So nehmen manche Engelmedien Erzengel Gabriel und Erzengel Jophiel eher als weiblich wahr, weil sie eine sanfte und liebevolle Ausstrahlung haben. Und die Erzengel Michael und Uriel werden eher männlich wahrgenommen. Bin ich aber auf Teilaspekte eines geistigen Wesens fixiert, kann ich den Engel, Meister oder wer auch immer erscheint, gar nicht in seiner ganzen Fülle wahrnehmen. Aus diesem Grund habe ich aufgehört, mich in irgendeiner Richtung zu begrenzen.

Damit der Lesefluss nicht unterbrochen ist, verwende ich der Einfachheit halber die männliche Form des Geistführers. Ich denke, die Geistige Welt wird es mir nicht übel nehmen, in der Regel erlebe ich die Geistige Welt als sehr großzügig, tolerant und freundlich.

Noch eine Info: Die Erzengel können durch die Schwingungserhöhung jetzt mit einer höheren Schwingung arbeiten, und zwar mit der Seraphim-Energie. Aus diesem Grund dürfen wir die Erzengel nun auch mit Seraphim ansprechen.

Was zählt nicht zu den Aufgaben der Geistführer?

Nach meiner Erfahrung machen Engel oder höhere Wesen keine Vorhersagen oder geben uns konkrete Handlungsanweisungen. Das geschieht eher in Ausnahmefällen, denn sie respektieren den freien Willen eines Menschen, und ihr Wunsch ist es, uns in die eigene Meisterschaft zu bringen. Dafür stellen sie beispielsweise Fragen wie: *„Was sagt dein Herz"?* oder *„Was fühlst du? Was willst du wirklich?"* Sie leiten uns an, unsere eigenen Antworten zu finden und lassen beständig ein Licht auf unseren Weg scheinen, denn im hellen Licht sehen wir klarer. Das ist wie ein wunderschöner Tag im Frühling, wo durch die Sonnenstrahlen die Konturen schärfer werden, unser Gemüt sich beruhigt und wir freudig den Tag erleben. Wir kommen automatisch in die höhere Schwingung der Leichtigkeit, und diese befähigt uns, die Antworten unseres Herzens zu hören.

Haben wir eine Frage zu einem Thema, bei dem wir sehr unsicher sind, geben sie uns auch ein Gefühl, und wir wissen hinterher, wie es weitergeht. Zum Beispiel hatte ich ein Thema mit einer Maklerin, das mich sehr in Aufregung versetzte. Mein Geistführer sagte zu mir, ich solle die Ruhe bewahren und nicht vorschnell handeln. In dem Moment fiel mir genau das am schwersten, im Gegenteil, ich wollte umgehend alle Hebel in Bewegung setzen, um aus dieser Geschichte herauszukommen. Dennoch beherzigte ich den Rat, und am selben Abend hatte ich ein Gespräch mit einer Frau, die „zufällig" Wissen über den Sachverhalt hatte und mir Hinweise über meine nächsten Schritte zur Klärung der Situation geben konnte. Als ich diese am nächsten Tag befolgte, war augenblicklich der Frieden in mir wiederhergestellt, und ich wusste, alles würde wieder gut werden. Für mich war es eine schöne Erfahrung, wie sich die Verwirrung in mir augenblicklich legte und Platz machte für innere Ruhe und die Gewissheit, dass alles in der göttlichen Ordnung ist. So schnell hatte ich bisher noch nicht in einer belastenden Situation mein Gleichgewicht und meine Kraft wiedergefunden. Hätte meine geistige Führung mir das vorher gezeigt, hätte ich diese Erfahrung nicht machen können.

Unsere geistige Führung handelt immer zum höchsten Wohl unserer Seele und des Seelenplans. Wenn wir etwas aus einer Erfahrung lernen dürfen, dient es dem höchsten Wohl der Seele, und deswegen geben uns die Wesen aus der Geistigen Welt nicht schon vorher alles preis, was sie wahrnehmen oder sehen. Geistführer sind auch nicht unbedingt Hellseher, denn es hängt immer von unseren Entscheidungen ab, wie sich der eigene Weg gestaltet. Zudem ist es nicht ihre Aufgabe, Prophezeiungen zu machen, das würde zu Abhängigkeit und Unselbstständigkeit führen. Und wir selbst kreieren unsere Zukunft durch unsere gegenwärtigen Gedanken, Gefühle und Handlungen.

Bewusste Menschen entwickeln sich heutzutage auch schneller weiter, sie arbeiten an ihren Verhaltensmustern und Glaubenssätzen und verändern dadurch automatisch ihre Zukunft. Es wird ja öfter etwas zum Goldenen Zeitalter gesagt, und meistens erwarten wir nun endlich eine Erde, die zum Paradies geworden ist. Nach meiner Erfahrung ist es eher so, dass das Paradies in uns selbst entsteht beziehungsweise schon vorhanden ist, und wir dann die paradiesische Energie ausstrahlen. Wir alle erschaffen das Paradies, und gerade die Fülle an kosmischem Wissen der heutigen Zeit und Möglichkeiten der Weiterentwicklung finde ich persönlich sehr paradiesisch. Nie zuvor war es in so kurzer Zeit möglich, sich in die eigene Essenz hinein zu entwickeln. Überhaupt wirkt die irdische Inkarnation wie ein Turbolader an Entwicklungsmöglichkeiten. Häufig habe ich allerdings Klagen gehört, wie anstrengend diese Zeiten sind, weil ein Thema nach dem anderen hochkommt. Erzengel Gabriel erwähnte einmal dazu: *„Freut euch darüber, dass ihr alles, was ihr in diesem Leben erlöst, in keinen weiteren Inkarnationen mehr braucht."*

Meister Kumeka sagt zum Thema Voraussagen:

„Dinge, die in der Zukunft geschehen, sind nur unser Gebiet, wenn sie euch in Gefahr bringen, aber nicht eurem Seelenweg dienen. Wenn ein Geschehen jedoch eine Erfahrung darstellt, aus der ihr etwas lernen dürft, dann ist es ein kleiner Umweg, der sich durchaus lohnt, gegangen zu werden.

Wenn nun viele Seelen sich verabredet haben, durch ein sogenanntes Unglück die Erde zu verlassen, dann sehen wir es in der Zukunft wie eine Zusammenballung von Energie. Allerdings ist es nicht an uns, das an einzelne Menschen weiterzugeben. Bist du betroffen, weil du vielleicht einen lieben Menschen dabei verlierst, bereiten wir dich schonend vor, indem wir eine Energiehülle um dich weben, damit es dich nicht mit ganzer Wucht trifft. Und es stehen währenddessen viele geistige Begleiter an deiner Seite, die dich stützen.

Nicht selten ist solch ein Ereignis auch für deinen Seelenweg von Bedeutung. Zudem stehen bei großen Unglücken auch unzählige Geistwesen den Verunglückten hilfreich zur Seite, niemand muss seinen irdischen Platz alleine verlassen. Sie werden ähnlich versorgt, als wenn ein Ärzte- und Psychologenteam sich eures Körpers und eurer Seele annehmen würde."

***

Auf meine Frage, ob sie auch zum Beispiel Verkehrsunfälle voraussehen können, kam folgende Antwort:

„Ja, durch die Energieverdichtung können wir auch Unfälle voraussehen, wir sehen die Zugkraft, mit der die betroffenen Personen an einen bestimmten Ort geführt werden, weil sie sich diese Situation herbeigezogen haben. Es ist wie eine Verabredung verschiedener Seelen, die daran beteiligt sind und sich an einem bestimmten Ort zu einer bestimmten Zeit treffen. Sie kreieren sich die Situation, um daraus etwas zu lernen, Erfahrungen zu sammeln oder einen anderen Weg als bisher einzuschlagen. Oder um die Erde zu verlassen. Berühmte Menschen dienen manchmal auch der Allgemeinheit, um sie Mitgefühl zu lehren und weitere Erkenntnisprozesse in Gang zu setzen.

Wir sehen bei Ereignissen, bei denen viele Menschen ums Leben kommen, eine Welle des Mitgefühls von eurem Planeten aufsteigen. Echtes Mitgefühl kann schwere Energien aus dem Herzchakra lösen und den Weg für die Liebe freimachen. Tief empfundenes Mitgefühl trägt in sich die Energie der reinen Liebe.

Bei Vorkommnissen gewalttätigen Ursprungs entsteht viel Empörung und Wut in den Menschen, die manch einen inneren

Krieger erwachen lassen, der bereit ist, für mehr Gerechtigkeit und Frieden auf der Erde einzustehen.

Häufig stellt ihr euch vor, dass jemand während eines Geschehens starke Schmerzen erleiden musste, doch dem ist nicht unbedingt so, denn der Schutzengel hebt die Seele schon vorher aus dem Körper, bevor der Mensch die allergrößten Schmerzen erfährt. Die Betroffenen befinden sich dann auf einer höheren Ebene und schauen unbeteiligt zu.

Dinge vorherzusagen ist nicht unsere primäre Aufgabe, es sei denn, eine Begebenheit, die euch in der Zukunft treffen würde, ist nicht für euch bestimmt. In dem Fall geben wir euch Ahnungen und Hinweise. Hört immer auf eure Intuition und vertraut darauf, dass alles in der göttlichen Ordnung ist, auch wenn es manchmal schmerzhaft erscheint. Für manche Seele ist es wichtig und richtig, die irdische Dichte zu verlassen und sich auf einer höheren Ebene weiterzuentwickeln."

***

Hinter den Fragen nach der Zukunft steckt meistens Angst. Warum sonst würden wir Fragen stellen wie: „Finde ich einen Partner, eine Arbeit? Habe ich in meinem Leben immer genug Geld? Werde ich in der Zukunft zufriedener und glücklicher sein", und so weiter und so weiter. Viele Ängste werden zudem in der Gesellschaft geschürt. Ich hatte zum Beispiel immer Angst, im Rentenalter finanziell nicht abgesichert zu sein. Zuerst zog ich meine Kinder groß, währenddessen arbeitete ich geringfügig und entschied mich dann auch noch für eine selbstständige Tätigkeit. Meine geistige Führung beruhigte mich stets, aber die Bilder aus den Medien, die verarmte Frauen im Alter zeigten, waren ganz schön mächtig, allerdings nur so lange, wie ich ihnen die Macht überließ. Ging ich ins Vertrauen, alles zu erhalten, was ich brauche, begegneten mir die Bilder nicht mehr.

Leben wir in Liebe und Dankbarkeit, ziehen wir mit unserer Energie alles in unser Leben, was wir benötigen, und das Universum versorgt uns ebenfalls. Was allerdings nicht unbedingt ein Haus, ein Auto und eine Yacht bedeutet.

Die Betonung liegt für mich dabei auf „ein Leben in Liebe und Dankbarkeit führen“. Das Universum ist Fülle, und durch gelebte Liebe und Dankbarkeit öffnet sich ein Lichtkanal ins Universum, der vieles in unserem Leben in Fluss bringen kann. Jedoch erhalten wir nicht alle Bestellungen vom Universum, die wir gerne hätten, denn nicht alles, was wir uns wünschen, ist für uns von Wert. Meine frühere spirituelle Lehrerin sagte stets: „Gott ist doch kein Versandhaus.“

Stellen wir nun die Frage an die Geistführer, ob der derzeitige Partner oder die Arbeitsstelle für uns richtig ist, antworten sie nicht unbedingt mit Ja oder Nein. Sie wollen uns nicht um eine Lernerfahrung bringen, die wir sonst unter Umständen wieder neu in unserem Leben erschaffen müssen. Zudem wäre es ja durchaus möglich, dass wir in einer Beziehung noch etwas zu lernen haben, um für einen späteren Partner, mit dem wir wirklich glücklich sein können, vorbereitet zu werden. Das ist nicht selten der Fall. Und, wie gesagt, immer kommt es darauf an, welche Lernprozesse wir durchlaufen und wie wir uns verändern. Sobald sich durch neue Erkenntnisse unser Bewusstsein erweitert, verändert sich auch unser Energiefeld. Mit dem

„neuen“ Energiefeld ziehen wir andere Menschen in unser Leben. Und wenn wir uns wirklich auf den Weg machen, gepaart mit dem Vertrauen, dass alles seine Richtigkeit hat und sich in der göttlichen Ordnung befindet, entwickeln wir uns sehr rasch weiter.

☆☆☆

Welche Geistführer ziehen wir an?

Erzengel Jophiel:

„Du ziehst Geistführer an, die dir in der irdischen Inkarnation etwas Neues zeigen können, die dir, wenn die Bereitschaft da ist, Wege aufzeigen, die sich nicht unbedingt in deinem Blickfeld befinden. Bei denen du nicht weißt, was dich am Ende erwartet. Bei denen du absichtslos, ohne eine Erwartung, an ein Ergebnis herangehst. Im tiefen Vertrauen, dass der Weg das Ziel ist.

Viele Menschen erwarten positive Ergebnisse und eine Verbesserung ihres Lebens. Allerdings müssen dafür manchmal Tiefen durchwandert werden, denn tiefe alte Verletzungen und karmische Erinnerungen benötigen Lösung, Wandlung und Ausgleich. Jedoch wachst ihr in diesen Tiefen beständig in die Höhe, wenn ihr es zulasst und nicht mit eurem Schicksal hadert, und je höher ihr aufsteigt, umso mehr könnt ihr das Licht sehen. Und ihr erschafft euch ein Leben, das ihr euch sehnlich wünscht, und viele Helfer sind zugegen, die euer Wachstum ins Licht beschleunigen.

Besonders in dieser wundervollen Zeit, in der sich viele Menschen auf den Weg machen, aus den Tiefen herauszuklettern und nach Hause zu kommen zum liebenden Vater, den ihr Gott nennt. Das ist meine Botschaft für euch: Geht in Stille euren Weg, in dem Bewusstsein, immer anzukommen. Jeden Tag fließt ihr ein Stück näher der Einheit entgegen.

Habt ihr die Themen Erwachen, Vervollkommnung, Streben in die Einheit oder Wachstum ins Licht in euren Seelenplan geschrieben, habt ihr Geistführer wie die Seraphim oder Aufgestiegene Meister an eurer Seite. Es sind diejenigen, die euch etwas lehren können, jedoch seht euch nicht so klein, denn wie schon erwähnt wurde, streben auch geistige Führer nach Vervollkommnung, und eure Einsichten dienen auch ihnen. Euer Wissen wird aktiviert, je höher ihr strebt, denn alles Wissen befindet sich in eurer Ur-Seele, an die ihr immer angebunden seid. So könnt ihr euch mit der Zeit eure Fragen selbstständig beantworten. Bereinigt euer Leben, räumt auf, lebt die Wahrhaftigkeit und Liebe, diese Gaben heben euch heraus aus dem tiefen Tal der dichten Energien.

Menschen, die sich für technisches Wissen, neue Technologien, neue medizinische Erkenntnisse sowie Fortschritte in alternativen Heilweisen interessieren, haben entsprechende himmlische Helfer an ihrer Seite, die sich mit den Themen auskennen, den Menschen etwas Neues übermitteln können oder ihnen Kraft und Klarheit geben, ihre Ziele zu verwirklichen. Viele Wissenschaftler haben Kenntnisse über die Quelle ihrer Entdeckungen, trauen sich aber nicht, es der Öffentlichkeit zu präsentieren. Sie wissen darum, dass sie alleine nicht so viel zustande bringen können wie zusammen mit dem kosmischen Team.

Verwenden Menschen ganz bewusst die Meditation für Informationen aus der Geistigen Welt, öffnen sich Kanäle, und die Ströme der Helfer aus den himmlischen Reichen fließen überreichlich zu ihnen. Je reiner die Kanäle sind, desto reinere Energien und Informationen fließen hindurch. Durch diese reinen Lichtimpulse werden die Kanäle energetisiert und geweitet, was zur Folge hat, dass die Durchgaben klarer und tiefer werden.

Nicht alle Menschen auf der Erde haben einen Auftrag, manche Wesen inkarnieren sich, um schlichtweg Erfahrungen zu sammeln und sich still weiterzuentwickeln. Andere wiederum nehmen sich vor, ein größeres Publikum etwas zu lehren. Für diese Personen gibt es in den Lichtreichen spirituelle Lehrer, die ihnen das nötige Wissen und die Energie zur Verfügung stellen und auch an ihrer Ausstrahlung arbeiten."

☆☆☆

Was haben wir davon, wenn wir das Channeln lernen?

Unsere spirituelle Entwicklung kann durch unsere geistigen Begleiter sehr gefördert werden. Geistführer sind auch so an unserer Seite, aber dennoch unterscheidet sich eine eher unbewusste Unterstützung von einer bewussten Erfahrung. Es ist damit vergleichbar, als wenn wir ein Buch von einem spirituellen Autor lesen würden. Aus dem Buch ziehen wir wichtige Erkenntnisse heraus und können diese auch im Leben umsetzen. Und dennoch würden wir einen Unterschied bemerken, wenn uns der Autor in einem Seminar oder einer Einzelsitzung persönlich unterstützte. Wir können Fragen stellen, die speziell zur eigenen Situation passen. Das ist nur mit der Lektüre eines Buches nicht so einfach möglich. Sind wir im direkten Kontakt mit dem Geistführer, gibt es mehr Möglichkeiten für ihn, uns persönlich und individuell zu schulen.

Des Weiteren wird durch die höhere Schwingung während eines Channelings unser ganzes energetisches System durchlichtet, und je mehr Licht in unsere Zellen und unser Sein strömt, desto mehr Heilung erfährt unser Leben, und auch unser Körper.

Nun kommen wir zur Unterscheidung von Energien, was beim Channeln ein wichtiges Thema ist. In der spirituellen Literatur wird meistens von negativen und positiven Energien gesprochen, oder von höheren und niederen Wesenheiten. Die Engelwelt spricht eher von der Durchlichtung eines Wesens, also wie viel Licht jemand in sich trägt und halten kann. Oder es wird von leichten und schweren Energien gesprochen, womit auch die Durchlichtung gemeint ist. Je lichter eine Energie ist, umso leichter ist sie. Nie ist davon die Rede, dass jemand weiter, besser oder höher ist, denn es wird in jedem Wesen das göttliche Licht und das unendliche Bewusstsein gesehen. Sie konzentrieren sich stets auf den göttlichen Kern in uns, was diesen verstärkt hervorbringt.

Wir Menschen brauchen jedoch eine Unterscheidung, damit wir nicht Wesenheiten Glauben schenken, die weder eine viel weitere Wegstrecke zurückgelegt haben als wir, noch über mehr kosmisches Wissen verfügen.

Für die Differenzierung der Energien gibt es einige Merkmale, die ich in den folgenden Kapiteln aufzählen möchte.

☆☆☆

Wie fühlt sich eine höhere Präsenz an?

- Ein wohlwollendes Gefühl, auch plötzlich einsetzende Euphorie oder Freude ist wahrnehmbar.
- Es wird uns warm, selbst in einem kühlen Raum.
- Die Eigenschwingung erhöht sich, das ist zu spüren durch ein Vibrieren in Teilen des Körpers, zum Beispiel im Gesicht an den Wangen, der Handinnenflächen oder im ganzen Körper.
- Wir fühlen uns in dem Kontakt zu Hause, wie angekommen.
- Es ist Liebe fühlbar, wir sprechen liebevoller, gütiger, sanfter und zumeist auch leiser.
- Als wenn uns jemand sanft übers Haar streicht.
- Es entsteht Gänsehaut vor Freude und Entzücken.
- Das Herzchakra geht auf. Ist das Herzchakra frei von Belastungen, sind Energien mit dem Herzchakra sehr gut fühlbar. Allerdings ist das selten der Fall, denn im Herzchakra haben wir sehr viel gespeichert.
- Es entstehen Veränderungen im Luftdruck, manchmal ist ein leicht kühler Windhauch wahrnehmbar.
- Einige Menschen nehmen Düfte wahr, wo keine realen Düfte sind, zum Beispiel Blumenduft.

- Halten wir einen Kristall in der Hand, beginnt es in den Handinnenflächen (Handchakren) zu kribbeln.

- Manche Wesen nehmen Kontakt zu uns auf über unseren Nacken, was sich wie leichter Druck anfühlt.

- Eine hohe spirituelle Präsenz kann durch die Schwingungserhöhung in unserem System einen Kopfdruck verursachen. Das geschieht einerseits, wenn die Energie sehr stark ist, und andererseits bei Menschen, die zu wenig geerdet sind. Hier hilft es, wenn wir uns vorstellen, wie mit dem Ausatmen die Energie bis nach unten in die Füße gelenkt wird und weiter bis tief in die Erde fließt.

☆☆☆

Wie fühlt sich eine niedere Präsenz an?

- Es tritt Unwohlsein auf, auch Gefühle, die wir vorher nicht hatten, wie zum Beispiel: Angst, Ärger, Zorn, Wut, Aggression, Niedergeschlagenheit oder Traurigkeit.

- Plötzliche innere Unruhe entsteht aus der Entspannung heraus. Die Entspannung weicht von uns, dafür macht sich ein Gefühl von Hab-Acht bemerkbar. Allerdings fallen wir auch aus einem entspannten Zustand, wenn ein stressiger Gedanke auftaucht (zum Beispiel Angst), was ähnliche Symptome hervorruft. Das hat dann nichts mit einer negativen Präsenz zu tun, sondern vielmehr mit den eigenen Gedanken.

- Das Herzchakra verschließt sich, wir spüren Druck im Brustbereich oder Schmerz beziehungsweise ein ungutes/nervöses Kribbeln im Solarplexus.

- Es entsteht ein Gefühl, als wenn uns jemand zu nahe käme. Höhere Wesen bleiben immer etwas auf Abstand, sie wollen uns nicht erschrecken.

- Hitzewallungen können auftreten, so, als wenn wir uns erschreckt hätten und der Körper mit Flucht reagieren möchte.

☆☆☆

Wodurch ziehen wir negative Wesen an?

Uns Menschen umgibt ein Energiefeld, das einige Meter umfassen kann. In diesem Energiefeld sind alle unsere Gedanken, Glaubenssätze, Muster und Gefühle gespeichert, positive wie auch negative. Jeder Gedanke und jedes Gefühl hat eine besondere Schwingung, positive Gedanken schwingen höher, sie sind sozusagen leichter als negative Gedanken, die eine verdichtete Energie haben und niedriger schwingen. Alles, was in unserem Energiefeld schwingt, hat eine magnetische Anziehungskraft. Hier kommt das kosmische Gesetz zum Tragen: Gleiches zieht Gleiches an, was bedeutet, wir können nur etwas in unser Energiefeld ziehen, was schon darin vorhanden ist. Hege ich überwiegend schwere Gedanken, lade ich dementsprechend schwere Energien in mein Energiefeld ein. Denke und handle ich positiv und liebevoll, lädt sich mein eigenes Feld mit diesen Kräften auf und zieht vermehrt Freundliches an. Als Bild vorgestellt, sieht es so aus, als ob lauter kleine Geistwesen in der Aura herumschwirrten, die sich immer neue Freunde suchen. Positive Geistwesen laden freundliche Geister ein und ungute, die aussehen wie kleine Vampire, eben genau das Gegenteil. Je mehr Energie wir den jeweiligen Wesen geben, also in einer bestimmten Art denken und handeln, umso schneller vermehren sie sich. Sind wir hier nicht achtsam, führen sie irgendwann ein Eigenleben, und es wird zunehmend schwerer, in einer positiven (leichten) Grundstimmung zu bleiben.

Eine interessante Darstellung zu diesem Thema fand ich in der Zeitschrift *Welt der Esoterik* Nr.1/11 von Emil Stejnar in dem Artikel: „Hilfe, ich werde magisch verfolgt.“ Er beschreibt die menschlichen Geister folgendermaßen:

„Der Geist des Menschen besteht aus vielen kleinen Geistern, die selbstständig agieren können. Den Geist des Zorns, der einen wütend macht; den Geist der Sorge, der einen lähmt und bedrückt. Den Geist der Lust, der einen zur Zigarette, zur Bierflasche oder zur Schokolade greifen lässt und ohne, dass man es eigentlich will, zum Kühlschrank drängt. Es gibt den Geist vom Bild eines geliebten Menschen, der sich von der unerfüllten Sehnsucht und dem Liebesleid nährt; den Geist des Kaufzwangs, der Spielsucht und der Sammelleidenschaft. Hinter all diesen Gewohnheiten, Zwängen und Leidenschaften, aber auch hinter vorgefassten Meinungen, Idealen und Glaubensvorstellungen, verbergen sich lebendige kleine Geister, die zwar Wesenszellen des persönlichen Wesens sind, einen aber trotzdem in ihrem Sinn denken, fühlen und agieren lassen. Die Gedanken und Gefühle, die man in sich trägt, verbinden einen mit entsprechenden guten oder bösen Geistern. Gedanken können kleine Hilfsgeister sein und einen mit positiven Engelwesen verbinden oder, wenn sie entarten, Dämonen in die Nähe rufen."

Emil Stejnar gibt im weiteren die Empfehlung ab, zu dem unerwünschten Energiedieb zu sagen: *„Ich sehe dich, beobachte dich, du stehst unter meiner Kontrolle."* Meines Erachtens reicht das nicht aus, sondern wir sollten Kenntnisse über Energien haben, um in die Lage versetzt zu werden, ihnen keine Nahrung mehr zu geben. Halten wir unser Energiefeld rein, beginnt ein Same gar nicht erst, sich zu entwickeln, Wurzeln zu bilden und geschweige denn irgendwann Früchte zu tragen.

Was kann uns beim Channeln helfen?

1. Das Energiefeld rein halten,
2. Räuchern mit Pflanzenenergien,
3. Kristallwesen,
4. Lichtatmung (Pranaatmung),
5. Schwingungsanhebung,
6. Absichtslosigkeit,
7. die sechs hellen Sinne,
8. Reinigung der Zirbeldrüse, Ohrchakren, des Dritten Auges, Schädelbasischakras und Kronenchakras,
9. bewusste positive Lebensweise.

☆☆☆

1. Das Energiefeld rein halten

Zu unserem Energiefeld zählen die Chakren, Nebenchakren, Energiebahnen und die Aura mit allen energetischen Körpern. Über die Chakren gibt es genügend Literatur, weswegen ich hier nicht im Einzelnen darauf eingehen möchte. Die Gesamtheit unseres Energiefelds wird auch Lichtkörper genannt. Den Lichtkörper zu entwickeln ist in der irdischen Dichtigkeit kein ganz leichtes Unterfangen, denn wir werden ständig mit schweren Energien konfrontiert. Das kennt jeder: Wir gehen in einen Supermarkt und fühlen uns hinterher müde oder kommen ausgelaugt von der Arbeit, obwohl es eigentlich ganz ruhig zuging. Zu Hause können wir uns auch nicht wirklich regenerieren, denn es hat sich oft viel Energiemüll in unseren häuslichen Räumen angesammelt.

Nichts in diesem Universum geht verloren, kein Gedanke, kein Gefühl und keine Handlung. Denn, wie wir heute wissen, ist alles Energie und verschwindet nicht einfach so, auch nicht durch noch so intensives Putzen oder Lüften. Es sammeln sich ständig negative wie auch positive Energien in unserem Umfeld an, übrigens ebenso von allen Menschen, die je in dem Haus oder der Wohnung gelebt haben. Für unser gesamtes energetisches System und unsere Gesundheit ist es jedoch wichtig, einen Ort der Regeneration zu haben, und wo sollen wir uns sonst erholen, wenn nicht im eigenen Zuhause?

Häufig docken vorhandene Energien wieder bei uns an, und wir kommen aus alten Themen nicht heraus, trotz noch so intensiver Arbeit unsererseits. Oder wir wundern uns, wenn während einer Diskussion aus einer Mücke ein Elefant wird, obwohl wir zuvor völlig entspannt waren.

Hier nun ein Beispiel, wie Energien entstehen:

Eine Familie kommt abends zum gemeinsamen Abendessen am Esstisch zusammen, und es entwickelt sich aus einer Unstimmigkeit ein Streit. Welche Gedanken und Gefühle tauchen nun bei den einzelnen Personen auf? Mutter Helga fühlt sich unverstanden und grollt innerlich, sie gibt die Energie der Ohnmacht, der Hilflosigkeit und des Ärgers frei. Vater Max will Recht haben – es entsteht Machtenergie. Sohn Peter hat Angst, die Eltern könnten sich trennen – das bedeutet Angstenergie, und Tochter Helena findet die Eltern einfach nur spießig – hier haben wir Ablehnung und Wut. Alle diese Energien bleiben an dem Ort, an dem sie entstanden sind, also am Esstisch. Mit jedem neuen Streit kommen weitere Energien hinzu, sie verdichten sich und verkleben mit der Zeit. Gerne sammeln sie sich dann in den Ecken der Wohnung. Diese Energien treten in unser Energiefeld und docken an unsere Resonanzen an. Die kleinen Geister, wie Emil Stejnar beschreibt, verstärken das Ganze noch zusätzlich, und es bricht ein Streit aus, obwohl es keinen triftigen Grund dafür gibt.

Tatsächlich nehme ich, wenn ich Geistheilreisen durchführe, häufig Streitenergien im Bereich des Essplatzes wahr. Allerdings ist das noch nicht alles an Energien. So finden wir zum Beispiel, wenn wir oft nachts nicht schlafen können, im Schlafzimmer am Kopfende durch Grübeleien dichte Energien. In Kinderzimmern finden sich durch die hohen Anforderungen im Schulsystem vermehrt Stress- und Angstenergien. Selbst in Möbeln können sich ungute Energien ansammeln, beispielsweise in Sofas im Wohnzimmer, wo Menschen häufig sitzen und sich Filme mit niedrig schwingenden Energien (Krimis, Dramen,

Nachrichten) ansehen. So langsam können wir uns vorstellen, was noch alles bei uns zu Hause herumfliegt, zum Beispiel bei Erkrankungen. Krankheiten verursachen durch düstere Gedanken und Emotionen vermehrt dichte Energien. Das kann Ärger, Angst, Ungeduld, Selbstmitleid und vieles andere sein.

Abhilfe kann das Räuchern mit kraftvollen Pflanzen schaffen. Dazu komme ich später noch. Es ist immer wichtig, sich zu Hause ein freundliches Energiefeld zu schaffen, in dem die Energien frei fließen können. Besonders aber, wenn wir uns mit dem Channeln befassen, finde ich eine gesäuberte Umgebung ebenso wichtig wie gereinigte Chakren und eine gereinigte Aura. Wie schon gesagt, bildet unser ganzes energetisches System den Lichtkörper, und je reiner der Lichtkörper ist, desto weniger negative Geister ziehen wir an. Den Lichtkörper zu erschaffen ist ein beständiger Prozess mit intensiver Arbeit an sich selbst und an den eigenen Gedanken, denn die meisten Gefühle entstehen aus negativen Gedanken, worauf nicht selten ungute Handlungen folgen. Jeder kennt das Beispiel, wenn Kinder uns auf die Palme bringen. Es taucht der Gedanke auf: „Wenn das so weiter geht, raste ich aus", und nicht selten kommt es dann zum Ausbruch. Zuerst war der Gedanke da, dann die Emotion, und es folgte die Handlung, die uns dann häufig später leidtut, weil übertrieben.

Erzengel/Seraphim Jophiel zum Lichtkörper:

„Ihr alle habt einen Lichtkörper, denn ohne diesen könntet ihr nicht auf der Erde existieren. Ein gereinigter Lichtkörper strahlt sehr weit Licht aus, und dichte Wesen können sich nur schwerlich daran heften beziehungsweise festhalten. Er ist zu

leicht und hat wenig bis keine Angriffspunkte, sozusagen keine Haltegriffe für schwere Energien.

Natürlich halten sich in eurer Nähe auch manchmal dunklere Wesen auf, die sich an eurem Licht nähren möchten, und das sollte ihnen auch gestattet sein. Denn je bewusster ihr ein Leben in Liebe führt, desto mehr neues Licht wird produziert, und es ist, als wenn ein Lehrer einem Schüler neues Wissen vermitteln würde. So übermittelt ihr Wesen, die nicht so viel Licht in sich tragen, die Botschaft, im Licht zu leben und Licht zu sein. Aus einem großen Lichtkörper fließen beständig neue Lichtschwingungen, und Wesenheiten nehmen diese auf und können durch die Lichtimpulse auf ihren Weg zurückfinden. Was nicht bedeutet, dass es eure Aufgabe ist, euch mit dichteren Wesen zu beschäftigen. Die Lichtübertragung geschieht alleine durch einen reinen Lichtkörper.

Das wichtigste für den Aufbau und Erhalt des Lichtkörpers sind eure Gedanken, Gefühle und Handlungen. Macht euch immer bewusst, dass ihr weder eure Gedanken noch eure Gefühle seid. Natürlich seit ihr in der Lage, bewusst etwas zu denken, doch sehr oft tauchen Gedanken auf, ohne dass ihr wisst, woher sie kommen. Gedanken und Gefühle kommen aus dem Energiefeld der Erde vom Kollektivbewusstsein aller Wesenheiten sowie von den einzelnen Menschen selbst. Eure Gedanken sind schöpferische Kräfte, durch sie erschafft ihr sowohl Licht, als auch Schatten. Sie formen sich unter Umständen zu Wesenheiten, und diese werden ausgesendet ins irdische Matrixfeld und ins Kollektiv. Das, was aus den Gedanken und Gefühlen hervorgeht, sind eure Handlungen, und dafür tragt ihr die Verantwortung. Gebt ihr nun unguten Gedanken keine Aufmerksamkeit, gehen sie in Sekundenschnelle durch euren Lichtkörper hindurch, und finden sie keine Haltegriffe, verlassen sie euch wieder. Haltet ihr sie jedoch fest, das heißt, beschäftigt ihr euch damit, fühlen sie sich bei euch zu Hause und bleiben. Energie erhalten sie auch, wenn ihr Glaubenssätze verinnerlicht habt, wie beispielsweise: „Das darf ich nicht denken, ich mache etwas falsch, ich bin nicht richtig, ich will diese Gedanken loswerden." Aus solchen Gedanken entstehen dann negative Gefühle, und diese bleiben in eurem Energiefeld hängen.

Stellt euch vor, ihr befindet euch in einem Feld von kleinen Lichtkörpern und Dunkelkörpern. Bei den Dunkelkörpern handelt es sich um die Abwesenheit von Licht, es gibt verschiedene Abstufungen von mehr oder weniger Licht. Das bitte ohne Bewertung, es soll euch lediglich verdeutlichen, wie das Universum funktioniert. Gott bewertet diese Dinge nicht, für Gott sind sie neutral. Jedoch entscheidet ihr als Mensch, welchen Weg ihr zu gehen wünscht.

Die Dunkelkörper tragen die Energie von Neid, Missgunst, Angst, Konkurrenzdenken, Hass, Süchten und so weiter in sich. Lebt ihr nun diese Energien, fühlen sie sich bei euch wohl und rufen ihre Freunde herbei, die das Ganze noch verstärken. Ebenso schwirren unzählige Lichtkörper in der Atmosphäre herum, und gebt ihr ihnen Aufmerksamkeit, werden sie sich ebenfalls vermehren. Für ein menschliches Wesen ist es von Vorteil, sich mit den kleinen Lichtkörpern zu befassen, denn daraus entsteht ein großer Lichtkörper, in dem eure Seele eingebettet ist. Die Seele kann sich erkennen und dem Menschen immer klarer den Weg zeigen. Es ist ein beständiges Fokussieren auf die Lichtkörper, die die Energie der Liebe, Freude, Wohlwollen, Großzügigkeit, Frieden und Eins-Sein in sich tragen. Aus irdischer Sicht kann das

Anfüllen des Energiekörpers mit kleinen Lichtkörpern durchaus Arbeit bedeuten, denn es braucht Bewusstheit über eure Gedankengänge. Jedoch wird es tausendfach belohnt, denn haben sich viele Lichtkörper in eurem energetischen System angesammelt, arbeiten sie selbstständig. Allerdings brauchen sie dauerhaft Nahrung durch positive Gedanken. In der Meditation könnt ihr um viele kleine Lichtkörper bitten, die zu euch kommen und ein Zuhause bei euch finden. Nährt sie mit dem Licht und der Liebe eurer reinen Seele, indem ihr euch das vorstellt und/oder laut sagt."

***

Ich liebe die Bilder, mit denen die Geistige Welt uns etwas verdeutlicht. Und ich finde es sehr hilfreich, sich die kleinen Lichtkörper als kleine helle Wesen vorzustellen. Gerne gebe ich ihnen meine Liebe als Nahrung, denn sie arbeiten beständig daran, meinen Lichtkörper aufzubauen und reinzuhalten. Taucht nun ein Gedanke auf, ohne dass ich weiß, wo dieser herkommt beziehungsweise möchte mich nicht mit dem Gedanken beschäftigen, stelle ich mir vor, wie viele kleine Lichtkörper herbeieilen und den stressigen Gedanken aus meinem Energiefeld hinausführen. Bei kleinen Kindern hat es sich bewährt, sie von einem unguten Verhalten abzulenken, und halten wir unseren Fokus auf die Lichtkörper und geben ihnen unsere Aufmerksamkeit, sind wir ebenfalls von den Schattenenergien, die nicht zu uns gehören, abgelenkt. Sie verlassen dann schnell wieder unser Energiefeld.

Taucht ein Gedanke auf, bei dem ich fühle, dass er zu mir gehört, lasse ich ihn zu. Vielfach bewährt hat sich für Gedanken, die uns Stress bereiten, die Methode: The Work™ nach Byron Katie. Mit vier einfachen Fragen und sich anschließenden Umkehrungen kommen wir schnell sowohl dem Stress bereitenden Gedanken auf die Schliche, als auch den dahinterstehenden Glaubenssätzen. Die Gedanken müssen dann nicht losgelassen werden, was sowieso nicht unbedingt funktioniert, sondern die Gedanken lassen uns los. Wir bieten mit The Work™ dem Verstand, der eher einen Tunnelblick hat, neue Sichtweisen an, was einer Bewusstseinserweiterung gleich kommt. Selbst wenn wir keine neuen Erkenntnisse durch die Überprüfung der Gedanken haben, hat die emotionale Ladung deutlich nachgelassen, was uns in die Lage versetzt, friedvoller zu handeln. Häufig ist eine Handlung gar nicht mehr vonnöten, weil sich das Problem gelöst hat.

Die erste Frage von The Work™ lautet: „Ist das wahr?“ Stellen wir uns nun folgenden Gedanken vor: „Ich habe keine Zeit!“ Schon mit der ersten Frage: „Ist das wahr?“, beginnen wir, den stressigen Gedanken des Zeitmangels zu überprüfen. Die zweite Frage: „Kannst du ganz sicher wissen, dass das wahr ist: Ich habe keine Zeit?“, lässt sich schon nicht mehr so einfach mit Ja beantworten. Kommt dann die Frage: „Wie lebst du dein Leben, wenn du diesen Gedanken glaubst: Ich habe keine Zeit?“, stellen wir plötzlich fest, wieviel Stress wir uns selbst bereiten. Erleben wir bei der dritten Frage, wie es sich anfühlt, wenn der Gedanke nicht da wäre, stellen sich Ruhe und Erleichterung ein.

Wir können allein durch diese vier Fragen Erkenntnisse haben, aber auch durch die nachfolgenden Umkehrungen. Eine mögliche Umkehrung wäre: „Ich habe Zeit“, und finden wir nun dafür mindestens drei Beispiele, wie das auch wahr sein könnte, wird uns einiges bewusst. Besonders, wie uns im Grunde der *Gedanke* des Zeitmangels die Zeit raubt.

Unter Stress geschehen häufig Fehler, die wir dann wieder ausbügeln dürfen, oder wir verzetteln uns eher, als wenn wir ohne Druck arbeiten. Eine weitere Umkehrung wäre: „Mein Denken hat keine Zeit," ja, denn letztendlich sind es unsere Gedanken, die uns den Zeitmangel vorgaukeln. Mein Mann sagte immer: „Du hast Zeit, du nimmst sie dir nur nicht."

Mit Gefühlen verfahre ich etwas anders, denn nach meiner Erfahrung möchten Gefühle gefühlt werden. Wie schon erwähnt, entstehen Gefühle häufig aus den Gedanken. Um jedoch den hinter dem Gefühl stehenden Gedanken zu identifizieren, braucht es viel Bewusstheit. Häufig wissen wir gar nicht, welcher Gedanke da war, als das Gefühl auftauchte. Oder was war zuerst da: der Gedanke oder das Gefühl?

Nehmen wir an, es gab irgendwann eine Situation, in der wir Angst verspürten. Sobald nun auch nur in der Vorstellung eine ähnliche Situation auftritt, also Gedanken an die frühere Begebenheit, stellen sich ängstliche Gefühle ein. In diesem Fall würde ich die Gefühle einfach wahrnehmen, sie nicht ins Unterbewusstsein verdrängen, denn dort entwickeln sie sehr viel Macht. In Wirklichkeit haben sie ebenso wie wir das Bedürfnis nach Anerkennung und Liebe. Sie möchten gerne ans Licht kommen dürfen und nicht ihr Dasein im Schattenreich fristen.

Fühlen wir unsere Gefühle, verlieren sie ihre Macht und verändern sich mit der Zeit. Ähnlich wie Gedanken fließen sie durch unser Energiefeld und werden von den kleinen Lichtkörpern ans Licht gebracht, im Licht dürfen sie sein und weiterziehen. Konkret zu der obigen Situation könnten wir uns hinsetzen und die Angst fühlen. Mit allen Gefühlen können wir auf diese Weise verfahren, egal, ob Unsicherheit, Unzufriedenheit, Verärgerung, Verletzung, Hilflosigkeit oder unzählige andere Formen, die es an Gefühlen gibt. Holen wir verdrängte Gefühle ans Tageslicht, kommen nicht selten abgespaltene Seelenanteile zu uns zurück.

Die Engel sagen sehr oft: *„Setzt euch hin und werdet still!"* Am Anfang erscheint es etwas ungewohnt oder beängstigend, aber mit der Zeit wird es immer leichter, und es stellt sich zunehmend innerer Frieden ein. Unsere Resonanzen werden weniger, was sich sehr vorteilhaft auf unser Leben und auf das Channeln auswirkt. Bei starken Ängsten kann es notwendig sein, sich einen Therapeuten dafür zu suchen, weil man es alleine nicht schafft.

Den Lichtkörper aufzubauen ist ein beständiger Prozess, denn es erfordert zunehmende Umwandlung unserer Gedanken, und damit automatisch der Gefühle. Beim Channeln ist ein reines Energiefeld wichtig, hierdurch ziehen wir umso weniger Schattenwesen an. Das ist für uns vorteilhaft, aber besonders wichtig, wenn wir für andere Menschen channeln. Und mit einem reinen Energiefeld ist die Unterscheidung von Licht- oder Schattenenergien deutlich einfacher.

☆☆☆

Übung: Intensive Reinigung des Energiefelds mit den Erzengeln

- Suche dir einen Raum, in dem du für ein halbe Stunde ungestört bist. Damit der Prozess nicht unterbrochen wird, stelle alle Störquellen wie Handy und Telefon aus.
- Atme ein paarmal tief ein und aus und entspanne dich.
- Erde dich, indem du die Aufmerksamkeit auf deine Fußchakren/Fußsohlen lenkst.
- Stell dir vor, wie du den Raum, in dem du dich befindest, mit weißem Licht auffüllst.
- Bitte nun die Erzengel/Seraphim Uriel, Michael, Gabriel und Raphael als Schutz zu kommen und sich in den vier Ecken des Raumes zu platzieren.
- Bitte Erzengel Zadkiel zu dir für die Transformation von schweren Energien.
- Stell dir in der Mitte des Raums eine große weiße Lichtsäule vor, ein Lichtkanal oder eine lila Flamme.
- Visualisiere jetzt weißes Licht, das du in dein Herzchakra einatmest, und mit der Ausatmung fließen alle Unreinheiten, Blockaden, Wesenheiten (Angst) und alle Themen, die dich belasten, heraus.
- Bitte Erzengel Zadkiel, es zu transformieren, zusätzlich wirkt die Lichtsäule wie ein Magnet, die mit einem sanften Sog alles aus deinem Herzchakra zieht.
- Ist das Herzchakra gereinigt, erlaube dem Licht, sich in dein Halschakra und deinen Solarplexus auszudehnen – hier bitte ebenso verfahren: Mit der Einatmung fließt Licht ein, und mit der Ausatmung wird alles aus den Chakren gezogen. Vielleicht kommen auch Gefühle, Situationen, Themen oder Süchte hoch. Nimm sie an und atme sie in die Lichtsäule aus.

- Die nächsten Chakren, in die sich das Licht mit der Hilfe des Atems ausdehnt, sind das Sakralchakra und das Dritte Auge. Danach das Wurzel- und das Kronenchakra.
- Erlaube nun dem Licht, die Aura mit dem Emotionalkörper (alle Gefühle), dem Mentalkörper (Denkmuster, Überzeugungen, Glaubenssätze, Egostrukturen) und dem spirituellen Körper (Blockaden auf spiritueller Ebene, Glauben bezüglich Gott und Religion) zu reinigen.
- Lass am Schluss über dein Kronenchakra weißgoldenes Licht, das sogenannte Schöpferlicht, mit all seiner Weisheit in den nun komplett gereinigten Körper einfließen – in alle deine Zellen, Zellzwischenräume und Organe.
- Vielleicht kannst du nun wahrnehmen, wie dein Lichtkörper strahlt und kristalliner geworden ist.
- Bedanke dich bei allen und komme in deiner Zeit ganz ins Hier und Jetzt zurück.

☆☆☆

2. Räuchern mit der Kraft von Pflanzenwesen

Sehr gute Unterstützung beim Channeln erhalten wir durch das Verräuchern von hochwertigen und kraftvollen Kräutern, Wurzeln und Harzen. Kräuter haben ein hohes Bewusstsein, und jedes Kraut hat seine eigene Aufgabe. Ebenso, wie wir nicht alles können, ist auch nicht jede Pflanze in der Lage, jegliche ungesunde Energie zu entfernen. Als Team, die sich untereinander gut vertragen, sind sie besonders effektiv. Passt eine Pflanze nicht in das Team hinein, ist die ganze Gruppe geschwächt, ähnlich, als wenn wir in einer Gruppe arbeiten würden, die nicht harmoniert.

Jede Pflanze ist beseelt, und mittels des Verbrennens (Transformation) der Pflanze trennt sich der Pflanzengeist von dem Kraut. Dieser wird nun frei und kann sich im Raum ungehindert bewegen. Eine gute Mischung ist nicht nur in der Lage, die bei uns anfallenden energetischen Abfälle zu beseitigen, sondern ebenfalls alle unsere Chakren und die Aura zu reinigen. Hierdurch erhöht sich auf Dauer unsere Schwingung, die wir benötigen, um uns der geistigen Führung anzunähern.

Nach der Arbeit mit Klienten räucherte ich stets mit Salbei, jedoch verspürte ich keine allzu starke Wirkung. Ich räucherte einfach aus dem Grund, weil ich gelernt hatte, dass nach Energiearbeit gereinigt wird und weil ich Salbei sehr gerne rieche. Als ich das erste Mal eine Mischung aus verschiedenen Pflanzen ausprobierte, verspürte ich eine deutliche Veränderung der Energie im Raum. Salbei ist zwar an sich wundervoll, aber er kann nicht alleine alle bei uns anfallenden Energien entfernen.

Da ich gerne mit den Pflanzenwesen Kontakt aufnehmen wollte, meditierte ich mit jeder Pflanze einzeln. Ich verräucherte jeweils ein Kraut, eine Wurzel oder ein Harz und nahm Kontakt mit dem Pflanzengeist auf. Da sich sehr unterschiedliche Pflanzengeister mit unterschiedlichen Botschaften zeigten, war ich restlos überzeugt, nun „meine" Räuchermischung gefunden zu haben. Diese Mischung verwende ich seitdem für den Behandlungsraum, zum Reinigen meiner eigenen Wohnung sowie meiner Chakren und der Aura. Die Pflanzengeistwesen übermitteln mir dabei stets, dass wir Menschen ihnen mehr Wertschätzung entgegenbringen dürfen, und nach meiner Erfahrung ist die Wirkung eine deutlich bessere, wenn wir die Pflanzenwesen liebevoll bitten, uns und den Raum zu reinigen. Nicht unerheblich ist es, dass die Pflanzen aus unseren Breiten stammen sollten, denn Pflanzen, die bei uns wachsen, verbinden sich mit unserer Energie und wissen, was wir brauchen.

Selbstverständlich gibt es für die Raumreinigung auch weitere, ebenso wirksame Mischungen, als die, die ich nachstehend vorstellen werde.

Warum nun Räuchern zum Channeln? Pflanzen sind in der Lage, den Geist zu öffnen, die Konzentration zu verbessern und die Atmosphäre intensiv zu reinigen. Zudem helfen sie uns, die Schwingung anzuheben, die wir benötigen, um mit der geistigen Führung zu kommunizieren. Sie öffnen einen heiligen geistigen Raum, in dem wir einen deutlicheren Zugang nach „Oben" erhalten.

Zum Channeln verwende ich die Kräutermischung, aber auch andere Mischungen. Hier gehe ich ganz nach meinem Gespür, was sich für mich wohl(riechend) anfühlt. Um lichtvolle Wesen anzuziehen und den Raum mit Licht anzufüllen, nehme ich gerne entweder weißes Dammarharz, schwarzen Copal sowie Mischungen, in denen die Harze enthalten sind.

Wichtig hierbei ist es, eine gute Qualität zu verwenden und stets Pflanzen, die aus kontrolliert biologischem Anbau stammen und nicht überlagert sind. Denn eine Pflanze hat zu wenig Kraft, wenn sie mit Chemikalien behandelt wurde oder schon Jahre im Küchenschrank lag. Nicht zuletzt atmen wir während des Räucherns den Rauch ein, und ich finde die Vorstellung nicht so prickelnd, chemisch belastenden Rauch einzuatmen.

Hier nun die Pflanzen im Einzelnen, besonders ihre Wirkung während des Räucherns sowie jeweils eine Botschaft der Pflanze. Selbstredend haben die Pflanzen, zum Beispiel als Tee getrunken, noch weitere Fähigkeiten, auf die ich aber hier nicht gesondert eingehen möchte. Die Mischung mit den Pflanzen aus kontrolliert biologischem Anbau kann bei mir erworben werden.

***

1. Salbei

Salbei trennt das Licht vom Dunkel und bringt uns die Kraft der reinen Gedanken, er entfernt alte Energien mit seinem reinweißen Licht. Zudem kann er uns umstimmen und uns die Botschaft einer Verbesserung unseres Befindens übermitteln. Salbei stärkt die Lunge und verhilft zu tieferem Durchatmen. Er ist sehr gut geeignet für Räume, in denen schon andere Menschen gelebt haben, weil er stark energetisch reinigt und desinfiziert sowie Platz für Neues schafft. Salbei erdet uns, macht den Kopf frei und reinigt das Halschakra.

Botschaft der Pflanze:

„Wenn du dich für mich öffnest, kann unbändige Freude am Leben dein Wesen erfüllen. Ich erhelle deinen Geist und deine Aura. Bitte mich um Klarheit für deinen Weg, und deine nächsten Schritte werden so deutlich wie ein klarer Gebirgssee."

2. Beifuß

Ist eine alte, aber eine der größten Heil- und Schutzpflanzen. Beifuß wächst an Schutthalden, Bahnübergängen und sogenannten unsauberen Plätzen. Dadurch wird seine Kraft häufig zu Unrecht unterschätzt. Er hat eine weiblich wärmende Energie, fördert die Intuition, beruhigt gestresste Nerven und sorgt für einen guten Schlaf. Zudem heilt er das belastete Herzchakra, hilft beim Loslassen und dem Prozess des Trauerns. Beifuß unterstützt Veränderungen im Leben, damit ein Neuanfang glückt, und hilft uns, uns an Träume zu erinnern.

Die Pflanze wird auch gerne genommen, um die spirituellen Kanäle zu wecken, Kristallkugeln damit zu reinigen und uns eine klare Sicht in die Zukunft zu schenken.

Zudem kann Beifuß anfallenden Elektrosmog zwar nicht entfernen, aber die Spannung herausnehmen und so Entlastung verschaffen.

Botschaft der Pflanze:

„Ich vertreibe die Dunkelheit aus deinem Leben und entzünde das Licht des reinen Seins."

3. Lavendel

Lavendel schwingt sehr hell und hoch und erinnert an kleine Kinder, die fröhlich spielen, ganz in sich versunken und gleichzeitig angeschlossen an die göttliche Quelle. Lavendel ist ein hohes Seelenkraut und der Schwingung von Kindern sehr ähnlich, deswegen ist Lavendel auch gut geeignet, um Kinder und Kinderzimmer zu räuchern. Er gibt uns Klarheit, öffnet das Dritte Auge und schenkt uns zuverlässige Visionen. Darüber hinaus ist er geeignet für die Transformation, kann uns Wandlung auf allen Ebenen bringen. Lavendel reinigt das Kronenchakra, das Halschakra und den Solarplexus. Er umgibt uns mit einem Schutzmantel vor feinstofflichen Angriffen sowie vor Blutsaugern, wie beispielsweise Mücken, und ebenso vor nervigen Mitmenschen. Lavendel wirkt reinigend und desinfizierend, eignet sich fabelhaft, um Krankenzimmer auszuräuchern und Räume, in denen dicke Luft herrscht. Nervosität und Gereiztheit wandeln sich zu Ruhe und Frieden.

Botschaft der Pflanze:

„Ich bringe die kindliche Freude und Leichtigkeit in dein Leben."

4. Eisenkraut (Verbena)

Eisenkraut ist ein heiliges Kraut der Azteken, kann Visionen hervorrufen und verstärkt die Wahrnehmung spiritueller Kräfte. Er verhilft zu mehr Hellsichtigkeit, Konzentration und Selbstdisziplin. Er schenkt uns klare Gedanken und fördert die Kreativität. Zweifel an der eigenen Arbeit lässt er verschwinden. Eisenkraut ist besonders reinigend für Räume, in denen viel gestritten wurde oder wird (Gerichte) und in denen Geschäfte getätigt werden. Zudem reinigt Eisenkraut die Aura, richtet uns innerlich auf und stärkt die Abwehrkräfte. Er ist gut geeignet vor Prüfungen und hilft uns, uns morgens an unsere Träume zu erinnern. Eisenkraut wächst an Schutthalden und Wegrändern, auf Gräbern, an Hecken und auch an Plätzen, an denen in kriegerischen Zeiten Blut geflossen ist.

Botschaft der Pflanze:
„Ich reinige da, wo andere versagen, denn ich bin schlechte Energie gewohnt und kann gut damit umgehen."

5. Thymian

Thymian schwingt leicht und hell, er beruhigt den Geist und fördert die Konzentration. Mit ihm können wir sehr gut Räume von unguten Schwingungen reinigen, die energetisch durch Streit belastet sind. Thymian duldet keine unguten Energien, so erhalten wir auch einen Schutz vor negativen Einflüssen und können uns besser abgrenzen. Des Weiteren verhilft Thymian zu mehr Mut und Zuversicht, weil er Ängste löst, was auch dazu beiträgt, entschlossener Entscheidungen treffen zu können.

Botschaft der Pflanze:
„Achtet uns so, wie wir euch achten!"

6. Myrte

In allen alten Kulturen galt die Myrte als eine heilige Pflanze und wurde den Göttinnen geweiht. Myrte entwickelt beim Verräuchern große Kräfte und ist förderlich für eine harmonische Schwingung im Raum, denn sie entfernt aufgestaute Energien von seelischen Verletzungen. Sie hilft beim Abschied-Nehmen von einem lieben Menschen und beruhigt gestresste Nerven. Nach einem arbeitsintensiven Tag unterstützt der Rauch die Wiederherstellung der inneren Balance. Sie verhilft zu Einsicht und Vergebung, unterstützt die Meditation und wird gerne bei Angst und Verspannung verräuchert. Myrte wirkt antiseptisch, stillt den Husten und reinigt das Hals- und das Herzchakra.

Botschaft der Pflanze:

„Ich bin ein alter Schamane und reinige deinen Körper von altem Ballast, auch deine Augen, damit dein Blick klarer wird. Behandle mich wertschätzend, und ich helfe dir gerne, dein Heim zu reinigen. Ich bin ein Lichtbringer und bringe das Lachen in eure Wohnstätte."

7. Angelikawurzel (auch Engelwurz)

Die Angelikawurzel ist mir besonders lieb, auch wenn sie nicht gerade sehr aromatisch riecht, weil sie ein hoher Erzengel in Pflanzengestalt ist. Früher wurde sie gerne als Schutz vor schwarzer Magie eingesetzt und ist auch sehr hilfreich, um Geister und Dämonen zu vertreiben. Sie lässt einen schützenden Lichtmantel im Raum und um uns herum entstehen, an den nichts Negatives heran kann. Und sie führt verstorbene Seelen ins Licht. Die Angelikawurzel hilft ängstlichen Menschen und entfernt Energien, ebenso wie ungute Wesenheiten, die aus den negativen Gedanken hervorgegangen sind. Sie weckt die Intuition, um sich richtig zu entscheiden und auch zu seinen Entscheidungen zu stehen. Durch ihre hohe Schwingung fördert sie die Kommunikation mit den Engeln und ist auch sehr gut geeignet, um mit dem eigenen Höheren Selbst Kontakt aufzunehmen. Die

Angelikawurzel wirkt harmonisierend und aktivierend auf die Chakren, besonders auf das Sakralchakra.

Botschaft der Pflanze:

„Ich erschaffe einen Lichtkanal und begleite die Seelen, die nicht mehr in eure Gemäuer gehören, ins Licht. Und ich lasse göttliches Licht in eurem Zuhause erstrahlen."

8. Fichtenharz (Burgunderharz)

Der Geist der Fichte, der durch das Verräuchern frei wird, fühlt sich stark schwingungserhöhend an, spürt negative Energien sofort auf und befördert diese mit dem Lüften hinaus. Er zeigt sich als ein Baumwesen, der über alles wacht und tief mit Mutter Erde verbunden ist. Ein Wesen, das das Dunkle und das Helle kennt, ragt doch die Fichte bis weit hinauf in den Himmel und ebenso bis tief in die Erde. Er bringt alte Wunden, die unser Herz/Herzchakra belasten, zum Heilen, beschenkt unseren Geist mit Klarheit und fördert die Konzentration.

Fichtenharz erschafft viel Licht und ist sehr gut geeignet, wenn man umzieht in ein neues Haus oder in eine Wohnung. Es werden alte Energien auch von den Vorgängern entfernt, die durch Streitigkeiten und Eifersucht entstanden sind. Wir fühlen uns gestärkt, können uns besser durchsetzen und uns von den Problemen anderer Menschen abgrenzen.

Auf meine Frage an den Baumgeist, ob er uns hilft, unsere Räume zu reinigen, sagte er wohlwollend: *„Es ist mir ein Vergnügen."*

9. Wacholderholz

Beim Verräuchern vom Wacholderholz ist eine starke kraftvolle Energie wahrnehmbar, und der Geist zeigt sich als großes Wesen, fast wie eine Riese mit sehr großen Händen, mit denen er den Energiemüll packt und hinauswirft. Er ist auch in der Lage, sehr dunkle Energien zu entfernen. Der Wacholdergeist ist sehr machtvoll, und es ist gut, ihm mit Respekt zu begegnen. Er reinigt die menschliche und auch die Aura von Tieren und legt einen schützenden Mantel um Haus und Hof. Bekannt ist Wacholderholz besonders durch seine starke keimtötende Kraft, zu Pestzeiten brannten große Wacholderfeuer, um die Seuche zu vertreiben. Er erdet uns, reinigt das Wurzelchakra und das Dritte Auge für klare Visionen. Bekannt ist Wacholderholz auch für Ahnenzeremonien.

Weihrauch

Weihrauch zählt nicht zu der Neun-Pflanzenmischung, ist aber geeignet für die Reinigung aller Chakren. Weihrauch hat eine warme weibliche Energie und zeigt sich als ein Strauch, der sich sanft im Wind bewegt.

Botschaft der Pflanze:

„Weiche den Energien aus, die dir nicht guttun, halte stand, wenn sie dich nähren. Sei flexibel in deinem Denken, sprich stets leise und meide die lauten groben Töne."

***

Für das Channeln kann es vorteilhaft sein, die eigene Wohnung regelmäßig durch Räuchern zu reinigen, denn in Räumen, in denen die Energien frei fließen können, die nicht belastet sind, wird es für uns leichter, den Kontakt zur geistigen Führung herzustellen. Hierzu benötigen wir eine feuerfeste Schale, gefüllt mit Sand, Räucherkohle und Räucherkräuter. Wir lassen die Pflanzenwesen (den Rauch) 15 bis 20 Minuten in den Räumen wirken und lüften dann ebenso lange gründlich. Während der Räucherung können alte Themen und Gefühle auftauchen, die aber verschwinden, sobald wir lüften. Die Kräuter sollten möglichst frisch und nicht länger als ein Jahr alt sein und kühl und dunkel gelagert werden.

Sind die Räume regelmäßig gereinigt, reicht es zum Channeln, wenn wir die Kräutermischung auf einem Räucherstövchen mit einem Teelicht verbrennen. Da ich in einem Haus mit zehn Parteien wohne, wo starke Energien vorhanden sind, räuchere ich einmal wöchentlich. Bevor ich die Wohnung grobstofflich putze, reinige ich feinstofflich mit den Kräutern und habe danach eine optimal grob- und feinstofflich gereinigte Wohnung. Tatsächlich wurde mir schon häufiger eine besonders reine Energie in der Wohnung bestätigt.

Ein Beispiel für die Kraft der Kräuter zeigte mir, neben anderen, sehr vielen positiven Rückmeldungen, ein 8-jähriges Mädchen. Das Mädchen sah während des Räucherns ihres Zimmers dunkle Wolken (Energien) aus alten Büchern und geschenkter Kleidung aufsteigen. Sie entfernte diese und konnte nach dem Räuchern deutlich besser schlafen, denn die alten Bücher lagen direkt unter ihrem Bett. Fortan sah sie abends ihren Schutzengel an ihrem Bett sitzen, sah Engel und Elfen sowie Einhörner in Waldlichtungen stehen.

Ich selbst durfte die Fähigkeiten der Pflanzen vor einigen Jahren in Peru während schamanischer Heilzeremonien erfahren. Als Gruppe mit acht Deutschen befanden wir uns mitten im Dschungel in einem kleinen Dorf der Shipibos, etwa eine Stunde Bootsfahrt von der Stadt Pucallpa entfernt. Drei sehr kraftvolle Schamanen führten die Zeremonien durch, und um in andere Welten sehen zu können und heilerisch tätig zu werden, tranken sie die bewusstseinserweiternde Pflanze Ayahuasca. Ayahuasca ist ein Nachtschattengewächs, und aus Respekt vor der Pflanze werden die Zeremonien in stockfinsterer Nacht durchgeführt.

Wir befanden uns in einer Hütte mitten auf dem Dorfplatz und erhielten zu Beginn eine kleine Menge der Heilpflanze als Getränk. Die Wirkung setzte etwa nach 20 Minuten ein, und ich sah in der stockfinsteren Nacht plötzlich dreidimensional stark leuchtende Farben und Muster und merkwürdige Gesichter auftauchen. Zudem zeigte sich immer wieder eine Frauengestalt, und ich erfuhr erst viel später, dass es die Pflanzengöttin Ayahuasca selbst gewesen war. Auf diese unerwartet einsetzende Sicht war ich nicht vorbereitet und damit restlos überfordert. Bei mir stellte sich eine heftige Panik ein, ich wollte nur noch weg, aber wohin mitten im Dschungel? So sprach ich mit den drei Schamanen, und einer von ihnen kam zu mir und blies den Rauch der Pflanze Mapacho über mein Kronenchakra. Die transformierende Wirkung ließ nicht lange auf sich warten, meine Panik legte sich schnell, und fortan war ich im Vertrauen, gut aufgehoben und behütet zu sein.

3. Hilfe durch Kristallwesen

So langsam nähern wir uns mit großen Schritten der Praxis des Channelns an. Neben der Reinhaltung unseres Energiefelds und des Raums durch das Räuchern gibt es noch weitere kraftvolle Hilfsmittel.

Alles in der Welt ist beseelt, so auch die Kristalle. In den Kristallen leben Wesenheiten, mit denen wir in Kontakt treten können wie mit unserer geistigen Führung. In meinen Channel-Lern-Seminaren biete ich die Möglichkeit an, mit verschiedenen Kristallen zu experimentieren. Dazu zählt, die unterschiedlichen Energien zu fühlen sowie Bilder und Botschaften der Kristallwesen zu empfangen. In der Regel klappt das bei den TeilnehmerInnen sehr gut.

Legen wir nun einen Kristall in die Nähe unseres Platzes, wird er automatisch heilsame Energien verströmen und dadurch höhere Wesenheiten anziehen. Zusätzlich bitten wir liebevoll die Wesenheit des Kristalls, uns während des Channelns zu unterstützen. Ich selbst halte während eines Channelings einen sehr klaren Bergkristall in meinen, zu einer Schale geformten Händen.

Als Kristall können wir einen wählen, der uns anspricht. Hierbei ist es vorteilhaft, darauf zu achten, einen besonders klaren Kristall auszusuchen, denn je klarer der Kristall, desto höher sein Bewusstsein.

Jeder Kristall nimmt Energien und Informationen auf, positive wie negative. Diese wirken wie unsichtbarer Ballast – ein

Gefühl, ein Gedanke oder eine Stimmung kann sich an den Kristall anhängen. Das ist nichts anderes, als wenn Schwingungen an unser Energiefeld andocken. Und so, wie wir unser Energiefeld reinigen, ist es essentiell, die Kristalle zu reinigen.

Besonders aufnahmefähig für verschiedene Schwingungsfrequenzen sind die klaren Kristalle. Für die Reinigung halten wir den Kristall ein bis zwei Minuten unter laufendes Wasser und reiben kräftig den unsichtbaren Ballast (Informationen) ab. Am Anfang kann sich das schmierig anfühlen, sodass die Finger leicht über den Stein gleiten, mit der Zeit wird der Widerstand aber stärker. Danach ist der Stein weitestgehend entladen, und um die restlichen Fremdinformationen zu entfernen, kann der Kristall auf eine Amethyst-Druse gelegt werden. Die Kristallwesen lieben es auch, über den aufsteigenden Rauch der Neun-Pflanzenmischung oder über Weihrauch gehalten zu werden und dadurch Reinigung zu erfahren. Damit uns nun die Wesenheit beim Channeling gute Dienste erweisen kann, ist nach dem Entladen des Kristalls ein Aufladen notwendig. Hierzu legen wir den Kristall auf eine Bergkristall-Gruppe oder eine Stunde in die Sonne. Jegliche Art von Wärme (nicht Hitze) tut den Kristallen gut.

Bergkristall

Die Wesenheit des Bergkristalls schenkt uns Klarheit, Konzentration und eine bewusste Wahrnehmung. Sie hat die Fähigkeit, Blockaden im Denken aufzuspüren und diese zu wandeln, den Geist und die Seele zu befreien und energetische Blockaden zu lösen. Der Bergkristall ist auch bekannt dafür, Vorhandenes zu verstärken, und er ist geeignet, um alle Chakren zu reinigen und zu energetisieren.

Amethyst

Der Amethyst hat eine transformierende Kraft und beruhigt das Herz und die Nerven, er verbessert die Konzentration beim Channeln und sorgt für mehr inneren Frieden. Die Wesenheit im Amethyst hilft uns, uns von Anhaftungen zu lösen und unseren Blick für eine höhere Sicht zu öffnen.

Rosenquarz

Der Rosenquarz verhilft uns beim Channeln, in die Liebe zu kommen, alte Verletzungen im Herzchakra zu heilen und ganz zu werden. Durch die Liebesschwingung des Kristallwesens betrachten wir alles aus liebender Sicht und stärken die Selbstliebe.

Es gibt universelle kosmische Gesetze, und eines davon lautet: Geben und Nehmen sollten im Gleichgewicht sein. Mich beschäftigte die Frage, wie wir den Kristallwesen etwas zurückgeben können für ihre Dienste. Die Antwort war, sie würden sich eine liebevolle Behandlung und Pflege wünschen und einen schönen Platz in unserem Zuhause, so etwas wie einen Kristallaltar. Hier durfte ich bei mir selbst beginnen, verstaubte Kristalle zu reinigen und Kristalle, die in irgendwelchen Schubladen lagen, herauszuholen und ihnen einen Platz einzurichten.

☆☆☆

4. Die Lichtatmung

Die Lichtatmung ist ein weiteres hilfreiches Instrument für das Channeln. Es hebt deutlich unsere Schwingung an und reinigt unser Energiefeld von Verunreinigungen und Belastungen. Mit Hilfe des Atems wird es möglich, feinstoffliche Schwingungen über den Pranakanal in unseren Körper fließen zu lassen. Der Pranakanal ist ein energetischer Kanal, der entlang der Wirbelsäule die Chakren mit Energie versorgt. Durch die Lichtatmung werden wir zum Kanal des göttlichen Bewusstseins, das durch uns zum Fließen kommt. Wir fühlen die Verbundenheit mit Allem, und die göttliche Gegenwart wird deutlicher spürbar.

Bevor wir uns mit der Lichtatmung befassen, möchte ich noch etwas zu der Öffnungsformel sagen, die wir zum Channeln benötigen und die mir durch die Engel übermittelt wurde. Die Formel wende ich bei jeder Lichtatmung und Meditation, bei jedem Channeling und bei jeder Einzel- und Energiearbeit mit Klienten an. Ich finde sie besonders kraftvoll und ein sehr hilfreiches Instrument, um sich für höhere Schwingungen bereit zu machen.

Die Öffnungsformel lautet:
Ich öffne mein Herz für die Liebe und gehe in mein reines Sein.
Ich schließe mich an das göttliche Licht und die Liebe von Mutter Erde an.

Da es sehr wichtig ist, die Öffnungsformel mit viel Gefühl auszusprechen, aber wahrscheinlich manche Menschen mit dem reinen Sein nichts verbinden, kann das reine Sein ersetzt werden durch: *Ich gehe in mein Licht*. Oder wir vertrauen auf unsere Seele, die reines Sein beinhaltet und weiß, wovon wir sprechen.

Eine wunderschöne weiterführende Variante der Öffnungsformel erhielt ich in jüngster Zeit, sie lautet:

Ich bin reine Liebe und verbunden mit der Liebe von Gott und von Mutter Erde.

Kann ich es tief empfinden, reine Liebe zu sein, ist diese Formel ideal. Sie ist kurz und knackig und von daher gut zu merken. Für Gott lässt sich selbstverständlich auch die Quelle, die göttliche ICH BIN-Gegenwart, höheres Bewusstsein, Göttin, Ur-Seele, oder was sonst unseren Vorstellungen entspricht, einsetzen. Besonders wichtig ist, sich ausschließlich mit der Liebe von Mutter Erde zu verbinden und nicht einfach nur mit Mutter Erde. In der Erde gibt es auch andere Wesenheiten, die wir nicht gerade in unser Energiefeld einladen möchten. Eine medial begabte Frau berichtete in einem Vortrag von Personen, die sich öfter mit der Mutter Erde verbunden hatten, aber nicht mit ihrem Herzen oder ihrer Liebe. Diese Menschen hatten Energien an den Füßen, die für einen Hellsichtigen aussahen wie zäher Teer. Sie wies eindringlich darauf hin, sich stets mit der *Liebe* von Mutter Erde zu verbinden.

Nun zurück zur Öffnungsformel. Tief empfunden entsteht durch die Öffnungsformel ein breiter Lichtkanal um uns herum, und es rieseln mikroskopisch kleine Lichtkristalle in verschiedenen Farben und Formen auf uns herab. Diese reinigen unsere Aura, Chakren und den Körper. Deswegen ist es ratsam, diesem

Prozess auch einige Minuten zu widmen. Hellsichtige Personen werden es mit ihrem inneren Auge verfolgen können.

Noch ein Wort zum Visualisieren: Manche Menschen haben Probleme damit, sich etwas vorzustellen, zum Beispiel Licht zu visualisieren. Das ist nicht schlimm, denn aus meiner Erfahrung ist es ebenso wirksam, es sich innerlich oder laut zu sagen. Unsere klar formulierte Absicht reicht. Zudem sind wir mit Hilfe der Öffnungsformel ohnehin angeschlossen an das göttliche Licht und an die Liebe von Mutter Erde, und die Energien bleiben mit Unterstützung des Atems automatisch im Fluss.

Übung: Die Lichtatmung

1. Begib dich in einen entspannten Zustand und atme einige Male tief ein und aus.
2. Erde dich, indem du dich auf deine Fußchakren konzentrierst.
3. Sprich die Öffnungsformel innerlich oder laut aus, fühle möglichst tief die Liebe und/oder visualisiere hellstrahlendes Licht: „**Ich öffne mein Herz für die Liebe und gehe in mein reines Sein. Ich schließe mich an das göttliche Licht und die Liebe von Mutter Erde an**."
4. Stell dir einen Lichtkanal vom Wurzelchakra bis zum Scheitelchakra vor. Dieser ist zugleich mit dem Licht und der Liebe von Mutter Erde verbunden und mit dem Licht und der Liebe des Himmels (oder Gottvaters, göttlichem Vater, der Quelle usw.).
5. Mit dem Einatmen steigt die Liebe von Mutter Erde in deinen Chakrenkanal auf, und mit dem Ausatmen strömt von

oben göttliches Licht über dein geöffnetes Scheitelchakra ein.

6. Erlaube dir, mit der Ausatmung alles loszulassen, was dich noch beengt, und schaffe dadurch Platz in deinem Inneren für das göttliche Licht. Zunehmend beginnen nun das Licht des Himmels und die kraftvolle Energie von Mutter Erde in deinen Chakren und deinem Körper zu zirkulieren und deine Zellen mit heilsamer Energie zu füllen. Führe das solange durch, wie es sich gut anfühlt und du eine gewisse Routine darin entwickelst.
7. Bist du zu einem Kanal des Lichts und der Liebe geworden, dann öffne dich für die Möglichkeit, mit jedem weiteren Atemzug das göttliche Licht über deine Chakren nach außen in die Aura fließen zu lassen. Um diesen Prozess zu unterstützen, halte nach der Einatmung die Luft kurz an, zentriere das himmlische Licht und die Liebe in deiner inneren Mitte und lass es mit der Ausatmung in die Aura fließen. Das stellt einen kraftvoll reinigenden und transformierenden Vorgang dar. Schicht für Schicht, Energiekörper für Energiekörper, füllt sich nun deine Aura mit dieser feinstofflichen Schwingung. Und nicht nur die Aura, auch alle Chakren werden von der Energie durchströmt, gereinigt und geöffnet.

***

Innerlich lässt sich vielleicht sogar beobachten, wie sich das Licht über das eigene Energiefeld hinaus ausdehnt. Wir können diese wundervolle Energie so weit in die Umgebung strömen lassen, wie wir es möchten oder in der Lage sind, es über unsere Grenze hinaus auszudehnen. Im einfachen Geschehen-Lassen kann es sich sehr weit ausbreiten. Umso mehr wir zulassen, desto mehr strömt nach, und wir werden zu einem Kanal der göttlichen Lichtschwingung. Zugleich nährt es unsere Seele, den Geist und den Körper, und hierdurch nähren wir die Umgebung.

Die erhöhte Schwingung der Lichtatmung wird durch Vibrieren und Kribbeln im Körper sowie ein freudiges Wohlgefühl wahrnehmbar.

Wenden wir uns mit ganzer Kraft dem Licht zu, verwehren wir negativen Energien den Zutritt zu unserem Energiefeld. In Wirklichkeit braucht ein Mensch, der sich in der göttlichen Schöpfung bewegt, nicht unbedingt einen Schutz. Verströmt ein Mensch Licht, zieht er positive Kräfte zu sich, die das Licht noch verstärken. Und dennoch finde ich es (noch) schwierig, in der Dichtigkeit der Erde dauerhaft die Liebe und das Licht halten zu können. Hierzu bedarf es viel Arbeit an sich selbst, einer permanenten Bewusstheit im eigenen Denken und Handeln und der tiefe Wunsch, ein Leben in Liebe zu führen.

☆☆☆

5. Schwingungserhöhung

Durch das Räuchern und die Lichtatmung haben wir schon eine Menge getan, um unseren Lichtkörper aufzubauen und uns fürs Channeln vorzubereiten. Ich denke, so langsam wird auch deutlich, warum das Channeln ein ganzheitlicher Weg ist, der unsere spirituelle Entwicklung sehr fördert. Channeln lernen wir nicht einfach mal so im Vorbeigehen, sich hinsetzen, eine Technik anwenden und los geht's, nein, es ist ein Weg, wenn gewünscht, ein lebenslanger, der uns aber in unserer Entwicklung als Seele stark voranbringt. Die lichtvolle Verbindung mit der Geistigen Welt und mit Gott führt uns in die bedingungslose Liebe und kann uns zu jeder Zeit, aber auch besonders in Zeiten der Unsicherheit und Not, tragen.

Die Engel sagen:

„Es wird auf der Erde, energetisch gesehen, enger, zunehmend wird manipuliert, Macht und Kontrolle ausgeübt. Arbeitet ihr an der geistigen Verbindung, kann unabhängig von äußeren Geschehnissen der Kanal zu Gott und der eigenen Führung weiter werden, einerlei, wie eng es im Außen ist. Ihr fühlt euch getragen, behütet und sanft von Liebe umhüllt."

Das Wissen um die Eigenschwingung aller Dinge haben unsere Wissenschaftler seit langer Zeit erkannt, denn es ist etwas, das sich messen lässt. Einfach ausgedrückt, bedeutet der Begriff „Schwingungsfrequenz" lediglich, in welcher Geschwindigkeit sich etwas bewegt. Für das menschliche Auge ist alles, was sich zu schnell bewegt, nicht mehr sichtbar. Unsere Augen sind dafür zu langsam. Engel sind beispielsweise sehr hoch schwingende Wesen, die wir durch unsere langsamere Schwingung nicht wahrnehmen können. Hierfür müssten wir unsere Eigenschwingung der ihren anpassen. Erhöhen wir unsere Schwingung durch Reinigung und Öffnung für die Geistige Welt, desto höher schwingende Geistführer fühlen sich gerufen, mit uns zu arbeiten. Botschaften und Durchgaben werden dann für uns klarer und verständlicher. Hierdurch wächst unser Vertrauen in die Geistige Welt, und unser zweifelnder Verstand senkt seine Stimme.

Jede und jeder von uns hat eine bestimmte Schwingungsfrequenz, so, wie alle Lebewesen um uns herum und alle Dinge, die es gibt. Jeder Text und jede Seite eines Buches haben eine eigene Schwingung. Meistens nehmen wir sie unbewusst wahr und empfinden Hinwendung und Verbundenheit oder Ablehnung. Widerstände gegen andere sind fast immer die unterschiedlichen Frequenzen des Gesagten, des Benehmens oder der allgemeinen Ausstrahlung eines Gegenübers. Je höher wir selbst schwingen, desto eher sind wir in der Lage, Wahrheit von Unwahrheit zu unterscheiden. Das wird allein durch feinste Schwingungsunterschiede für uns spürbar. Laut dem kosmischen Gesetz der Resonanz ziehen wir mit einer höheren Schwingung alles, was hoch schwingt, an, sprich: Engel, Meister, Naturwesen, aber auch Situationen, Umstände und Menschen. Das Gesetz der Anziehung gilt natürlich ebenso für alles, was niedrig schwingt.

Schwingungen sind feinstoffliche Energien, die wir zunehmend deutlicher fühlen, je mehr wir damit arbeiten. Im Laufe der Zeit spüren wir, welche Energien unsere Eigenschwingung anheben und welche sie senken. Wie hoch oder wie niedrig unsere Schwingung gerade ist, wird durch ein feines Vibrieren im Körper sowie durch Wohlbefinden, Freude und Glückseligkeit spürbar. Oder eben das Gegenteil. Das Herzchakra ist hierfür zusätzlich ein sehr feines Messinstrument. Es fühlt umgehend liebevolle beziehungsweise liebesleere Energien, und zwar schon dann, wenn wir noch nichts davon bemerkt haben.

Arbeiten wir nun mit der Liebe und lichtvollen Energien, verändern wir uns mit der Zeit. Niedere Schwingungen können uns verlassen, und unsere Eigenschwingung wird angehoben. Unsere Ausstrahlung, die Kleidung, der Freundeskreis und alles um uns herum verändern sich automatisch mit. In der jetzigen Zeit geht es sogar immer schneller, denn die Frequenz der Erde steigt ebenfalls kontinuierlich an. Dadurch bekommen wir Ergebnisse immer schneller präsentiert. Es ist ein großes Geschenk, denn erleben wir erst Monate oder Jahre später die Wirkung auf unser Verhalten, fehlt es uns häufig am Bezug dazu.

Besonders für Menschen wie mich, zu deren Stärke nicht gerade die Geduld zählt, ist die schneller werdende Zeit hilfreich, um die Wirkung des eigenen Denkens und Handelns umgehend zu erfahren. Diese beschleunigt sich zunehmend, je höher wir schwingen. Allerdings erhöht sich nicht nur unsere Schwingung, es erhöhen sich auch unsere Kraft und Macht. Was bedeutet, der Einfluss auf andere wächst, andere hören mehr auf uns, wodurch wir mehr Verantwortung tragen. Umso wichtiger wird es, alle Gedanken, Worte und Taten einer Prüfung durch die Liebe zu unterziehen. Sie ermöglicht es uns, alles, was wir denken, sagen und tun, aus höchsten und reinsten Motiven geschehen zu lassen. Wir leben zunehmend aus dem Herzen, handeln ohne eine Absicht, einfach aus einem stimmigen, inneren Herzensimpuls heraus. Konkret heißt das, wir sind ständig in der Liebe präsent. Anfangs ist es nur minutenlang möglich, aber die Dauer erhöht sich mit der Zeit durch fortlaufende Übung. Andere sind hierbei wertvolle Helfer, sie bieten uns des Öfteren Gelegenheiten, in Liebe zu sprechen und zu handeln. Bemerken wir dann ein Heraustreten, gehen wir sofort zurück in die Liebe unseres Herzens.

Die bedingungslose Liebe ist am nachhaltigsten schwingungserhöhend, denn sie hat die höchste Schwingungsfrequenz im ganzen Kosmos. Sie zählt zu den Turbobeschleunigern oder als Kraftwerk unter den vorhandenen Möglichkeiten. Die reine Liebe und das Licht der Quelle stehen uns unbegrenzt und kostenlos zur Verfügung. Eigentlich brauchen wir nicht mehr als die wahrhaftige Entscheidung für den Weg der Liebe, und wir werden automatisch von Engeln und Lichtwesen unterstützt. Dienen wir ganz und gar der Liebe, erfährt unsere Eigenschwingung Schritt für Schritt eine Erhöhung der Frequenz. Wir werden immer lichter (und leichter) und bekommen zusätzliche Energie, wodurch gleichermaßen die Resonanz zu hochschwingenden Wesen zunimmt. Hierfür ist ein innerer Reifeprozess vonnöten, denn würde das zu schnell vonstattengehen, wäre es sehr anstrengend für unseren irdischen Körper. Die bedingungslose Liebe schenkt uns alles, was wir benötigen: Heilung, Energiezuwachs, Reinigung unseres energetischen Systems, Lösung von Blockaden, zunehmende Gesundheit, Frieden, Freiheit und anhaltende Glückseligkeit.

Alles, was uns Freude bereitet, unser Herz zum Singen bringt und uns in irgendeiner Form guttut, hebt die Eigenschwingung an. Blockaden, innere Schatten, Ängste, Muster und negative

Energien, die uns verlassen, gehören auch dazu. Denn in uns wird Platz geschaffen für positive Dinge, und es können verlorengegangene Seelenanteile zurückkehren. Reinigung und Klärung der Chakren und der Aura haben ebenfalls einen erhöhenden Einfluss auf die Eigenfrequenz.

Zwei einfache Anregungen, um mehr in die Freude zu gelangen, erhielt ich von Erzengel Raphael. Er sagte in einem Channeling zu einer Gruppe:

„Wenn ihr morgens aufwacht, dann sagt euch mit viel Gefühl: „Heute ist ein wunderschöner neuer Tag, und ich freue mich darauf.“

Die zweite schöne Idee war:
„Schenke dir selbst ein Lächeln.“

Immer wenn wir daran denken, schenken wir uns ein Lächeln, und es kann zu einer wundervollen Angewohnheit werden, uns jedes Mal ein Lächeln zu schenken, wenn wir in einen Spiegel sehen. Halten wir uns doch mal selbst im Arm und schenken uns die Liebe, die wir allzu oft im Außen suchen, die wir von unseren Partnern, Eltern und Kindern erwarten. „Ich liebe mich und nehme mich so an, wie ich bin“, ist ein kraftvoller Glaubenssatz, der uns, wirklich ehrlich gemeint, sehr in die Eigenliebe bringen kann.

DU BIST WUNDERVOLL, glaube daran!
DU BIST EIN GÖTTLICHES WESEN VOLLER LICHT, LIEBE UND WEISHEIT, das ist die Wahrheit!

Zu den Schwingungsbeschleunigern gehören außerdem:

- Singen und Hören von Mantren und allen Liedern, die unsere Seele berühren.
- Tanzen und Bewegung jeder Art, Bewegung baut negativen Stress ab.
- Engelarbeit und Engelkontakte in jeder Form sowie Kontakte mit höheren Wesen (Meister, Jesus (Lord Sananda), Krishna, Osho, Babaji, Buddha, Gott usw.).
- Energie- und Heilarbeit.
- Arbeit mit Kristallen.
- Meditation und innere Einkehr, Zen, Stille und Gebet.
- Atem- und Körperübungen, Lichtatmung.
- Positiv gesprochene Affirmationen ohne Verneinungen.
- Alles, was mit Wasser zu tun hat: Baden, Duschen, Schwimmen und Wasser trinken.
- Aufenthalt in der Natur, auf Wiesen, im Wald, in den Bergen und am Meer.
- Arbeiten im Garten, mit den Händen Mutter Erde berühren.
- Liebevolle und herzöffnende Begegnungen mit Menschen und Tieren.
- Erdung und den eigenen Körper annehmen.
- Sich mit sich selbst und im eigenen Körper wohlfühlen.
- Selbstliebe praktizieren.
- Annehmen und Vergebung üben.
- Kunst- und Musikgenuss. Selbst Musik machen.
- Befreites Lachen.
- Liebevolle und achtsame Sexualität.
- Lektüre hochschwingender, spiritueller Literatur.
- Räuchern mit gutem Räucherwerk.
- Und ganz wichtig und nicht zu vergessen: die Dankbarkeit.

6. Die Absichtslosigkeit

Manche Menschen haben Schwierigkeiten, Botschaften der Geistigen Welt zu empfangen, was verschiedene Gründe haben kann. Ein möglicher Grund wäre, dass eine bestimmte Antwort erwartet wird. So wurde ich zu dem Thema der Absichtslosigkeit geführt, was sich in jedem Bereich unseres Lebens als wunderbar herausstellen kann.

Erzengel Jophiel sagt:

„In der Absichtslosigkeit seid ihr frei, das Leben kann frei fließen und mit seiner ganzen Schönheit das REINE SEIN umspülen.

In der Absichtslosigkeit ruht ihr im JETZT, in diesem Augenblick präsent, ohne etwas zu wollen oder zu müssen. EINFACH SEIN und der Welt für diesen Augenblick erlauben, sich ohne euer bewusstes Dazutun weiterzudrehen.

In einer absichtslosen Grundhaltung steigen Antworten aus eurem Herzen auf, wo wir Engel und die geistigen Begleiter sie eingebettet haben. Möchtet ihr sie mit dem Verstand greifen, entfliehen sie. So geht einen Moment in die Absichtslosigkeit und lasst einfach geschehen, was gerade geschieht. Haltet keine Gedanken und Gefühle fest, wenn sie euch auch noch so ungewöhnlich erscheinen. Lasst sie zu euch kommen und euer Energiefeld durchlaufen, aber keinen Widerhaken finden, sondern weiterziehen. Ist euer Leben von Licht und Liebe erfüllt, befinden sich in eurem energetischen Feld sehr viele Lichtkörperchen, und in so einem Feld finden niedrig schwingende Gedanken und Gefühle ohnehin keinen Anker.

So geht mit mir ein Stück des Weges, ohne etwas zu erwarten, mit den Augen eines Kindes, das ganz erstaunt so viel Neues entdeckt. In der Absichtslosigkeit öffnet sich eine Welt, die so reich an Schönheit und Glanz ist, dass die irdischen Augen vor Freude überströmen.

Habt ihr eine Frage an eure geistige Begleitung, dann dient die Frage in der Regel einem bestimmten Zweck. Ihr wünscht beispielsweise Auskünfte über Zukunft, Arbeit, Partner, Gesundheit und weiteres. Hinter den Fragen sind häufig unerlöste Gefühle zu finden, meistens in Form von Angst, und ihr wünscht im Grunde Sicherheit, damit etwas, was euch nicht gefällt, sich verändert. Hegt ihr nun diese Erwartung, schaltet sich beim Channeling der Verstand ein und gibt euch genau die Antwort, die ihr ersehnt. Bleibt ihr jedoch in der absichtslosen Offenheit für alle möglichen Antworten, antwortet euch die Geistige Welt so, wie es eurem Seelenplan entspricht, was nicht immer identisch ist mit euren eigenen Vorstellungen. Nicht immer sind eure Wünsche hilfreich, um neue Erkenntnisse zu erlangen und auf eurem Seelenweg voranzuschreiten. Meistens wünscht ihr keine allzu großen Veränderungen, selbst wenn euch nicht gefällt, was das Leben euch zeigt. Lieber bleibt ihr in einer Situation, als in die Ungewissheit zu gehen, was passieren könnte. Die Absichtslosigkeit öffnet euch die Tür für alle möglichen Lösungen. Hierfür bedarf es Vertrauen, um die Tür des absichtslosen Denkens offenzuhalten, und es braucht ein offenes, annehmendes Herz.

Geht am Anfang, wenn ihr den Kontakt zu euren geistigen Begleitern herstellen möchtet, ganz bewusst in den inneren Frieden und ohne die Erwartung einer bestimmten Antwort. Nur so können wir mögliche Botschaften und Bilder in euer Herz sinken lassen.

Nicht immer erscheinen die Antworten in der Form von Worten, vielmehr senken wir Energieströme in euer Herz, und diese bilden sich mit der Hilfe eures Geistes zu Worten, Bildern und Impulsen. Je nachdem, wozu ihr den meisten Zugang habt. Ist wirklich die Bereitschaft da, mit uns in Kontakt zu sein, finden wir immer einen Weg, um euch bestmöglich zu dienen. Damit sich die Energieströme zu Bildern und Worten formen können, braucht es Hingabe, Vertrauen und eine absichtslose Grundhaltung."

***

Fällt es uns schwer, bedient sich die Geistige Welt anderer Wege, beispielsweise über unsere Intuition oder Hinweise im Alltag durch andere Menschen. Ebenso kann die Lösung eines Problems auf sich warten lassen, weil uns bestimmte Informationen fehlen, zu denen wir momentan noch keinen Zugang haben. So sollten wir nicht enttäuscht sein, wenn wir scheinbar keine Antwort erhalten, diese kann sich durchaus in anderer Form manifestieren. Sicher ist, die Geistige Welt antwortet immer, aber nicht immer in der Form, wie wir es gerne hätten. Um für alle Möglichkeiten offenzubleiben, ist die Absichtslosigkeit ein wichtiges Hilfsmittel.

☆☆☆

7. Die sechs hellen Sinne

Jeder Mensch bringt besondere Fähigkeiten mit auf die Erde, und diejenigen, bei denen sich der Schleier des Vergessens nicht so tief gesenkt oder verdichtet hat, wissen häufig auch um ihre hellen Sinne. Die Sinne werden aus dem Grund hell genannt, weil sie höher schwingen, weniger dicht sind und mehr Licht in sich tragen. Heute trauen sich auch viel mehr Menschen, über ihre Fähigkeiten zu sprechen, allerdings beschränkt sich das bedauerlicherweise meistens auf spirituelle Kreise.

Fast immer haben wir einen vorrangigen Hellsinn, diesen bringen wir schon mit und können ihn schnell weiterentwickeln, oder er ist schon sehr ausgeprägt. Nehmen wir einmal an, ein Kind kommt hellsichtig auf die Welt, es wird unsichtbare Wesen sehen können, wie beispielsweise Engel, Verstorbene und viele andere. Aber auch die Größe und Farbe der Aura eines Menschen. Das Kind einer Freundin sah stets bei den Klassenlehrern, die unecht, unehrlich oder verärgert waren, eine dunkle Aura. Leider gab es nach Auskunft des Kindes kaum Lehrer mit einer freundlichen hellen Aura, und deswegen ging das Kind sehr ungern in die Schule. Nur eine Lehrerin hatte anscheinend Freude an ihrem Beruf und dadurch ein schön strahlendes Energiefeld.

Arbeiten wir intensiv und beständig mit den Hellsinnen, entwickeln sich die anderen Sinne meistens mit. Viele Menschen kommen hellfühlig oder hellsichtig auf die Welt, dazu gesellen sich dann mit der Zeit das Hellhören und das Hellwissen. Manche haben auch besondere Fähigkeiten des Hellriechens und Hellschmeckens. Relevant sind zum Channeln vor allem die ersten vier, wobei ich nicht behaupten möchte, dass Energien zu riechen oder zu schmecken nicht auch sehr hilfreiche Gaben sein können. Sie sind uns vielleicht nur nicht so geläufig. Die Hellsinne sind schon recht bekannt und oft genug beschrieben, nicht ganz so gängig ist jedoch, wie wir die Sinne indirekt und direkt unterscheiden können.

Indirekte Hellsichtigkeit

Indirektes Hellsehen stellt sich folgendermaßen dar: Mit Hilfe des Dritten Auges sehen wir innere Bilder, meistens mit geschlossenen Augen, was aber nicht Voraussetzung ist, auch mit offenen Augen lassen sich innere Bilder wahrnehmen. Hier möchte ich unterscheiden, ob ein Bild ohne unser bewusstes Dazutun aus unserem Inneren aufsteigt, oder ob wir es uns vorstellen. Stelle ich mir beispielsweise ganz bewusst einen Elefanten vor, wird er vor meinen inneren Augen erscheinen.

Viele Menschen hegen Zweifel an ihren inneren Bildern, weil sie sie ihrer Fantasie zuschreiben. Häufig ist es tatsächlich Ein-Bild-ung – ein Bild entsteht, genährt von einer Wunschvorstellung oder aus einer bestimmten Erwartung heraus. Der Unterschied zu einem Bild, das wir der indirekten Hellsichtigkeit zuschreiben können, zeigt sich dadurch, dass es ohne eine Absicht einfach auftaucht. Es kommt von sich aus zu uns, und wir wissen nicht, woher. Um diesen Prozess zu unterstützen, ist es wichtig, eine absichtslose Haltung einzunehmen und keine Bilder aktiv zu produzieren. Da unser Geist die Angewohnheit hat, immer wieder abzuschweifen, brauchen wir dafür Geduld, Hingabe und Stille. Sehr hilfreich ist es, immer wieder in die Erdung zu gehen, mit der Zeit beruhigt sich unser Verstand, und es fällt uns deutlich leichter, eine absichtslose Grundhaltung einzunehmen.

Ein Beispiel aus meiner Praxis für die indirekte Hellsicht wäre: Ein Klient kommt mit einem Problem, und während des Gesprächs, bei dem ich mich in einem geöffneten und annehmenden Zustand befinde, tauchen Bilder aus der Kindheit des Klienten auf, die etwas mit dem derzeitigen Problem des Klienten zu tun haben.

Direkte Hellsichtigkeit

Bei der direkten Hellsichtigkeit zeigen sich Bilder ganz real, so, als geschieht alles direkt in diesem Raum. Wir sehen ätherische Wesenheiten wie Engel oder Verstorbene mit offenen Augen. Ein Kind sah im Kinderkrankenhaus, als es seine kranke Schwester besuchte, viele verstorbene Kinderseelen. Ich sehe manchmal Geister durch Wände und Türen gehen, meistens dann, wenn ich mich nicht speziell darauf konzentriere. Aber es ist auch möglich, reale Bilder mit geschlossenen Augen zu sehen, was in der Regel bedeutet, dass sich ein Geistwesen für kurze Zeit materialisiert. Das geschieht bei mir gelegentlich in der Nacht, es tauchen reale Gesichter auf, die sich sogar teilweise überlagern.

Vor vielen Jahren hatte ich ein erstaunliches Erlebnis: Ich wachte mitten in der Nacht auf und sah real drei Zwerge, die etwa einen Meter groß waren, direkt neben meinem Bett entlanggehen. Sie unterhielten sich angeregt und bemerkten meine Anwesenheit nicht, wahrscheinlich waren sie auf einer ganz anderen Ebene und konnten mich nicht sehen.

Bei einer Musik Casting-Show im Fernsehen sah ich im Rampenlicht deutlich die Flügel eines Kindes, das mir sehr engelhaft erschien. Auch Lichter, die wir am Rand des Blickfelds in verschiedenen Farben sehen, können dem direkten Hellsehen zugeordnet werden. Mit zunehmender Hellsichtigkeit zeigen sich besonders häufig hellleuchtende Farben, so kann aus der Aura eines Menschen, der sehr in der Liebe ist, die Farbe Rosa aufsteigen oder Grün für heilerisch veranlagte Menschen. Sehr aktive, lebendige Menschen umgibt eine hellgelbe, orangefarbene Aura. Die Farben hängen auch damit zusammen, welche Gedanken und Gefühle wir gerade hegen und welche Geistwesen an unserer Seite sind.

Sind wir noch in der Angst gefangen, kann die direkte Hellsichtigkeit belastend wirken, aber sie kann uns auch ungemein bereichern. Sehen wir die Sonnenstrahlen intensiv in der Farbe Grün, spüren wir die Heilkraft darin. Nehmen wir die Farbe Violett wahr, wissen wir, wie stark transformierend die Sonne wirkt. Auch die Farbe Rosa finden wir in der Nähe der Sonne, und wir fühlen die Allgegenwärtigkeit der Liebe.

Eine nette hellsichtige Begebenheit erlebte ich, als ich dieses Buch schrieb. Ich hatte vor, im Garten meine Sträucher zu beschneiden, weil sie sich immer mehr ausbreiteten. Nun lag ich gerade auf meinem Sofa, und mein Blick ruhte auf einem Strauch, der beschnitten werden sollte. Im absichtslosen Schauen tauchte in dem Strauch ein dreidimensionales Gesicht auf, und es wurde mir klar, dass es der Geist des Strauches war. Nun war ich nicht mehr in der Lage, den Strauch zu kürzen, interessanterweise zeigte sich der Strauchgeist nur dieses eine Mal.

Jeder möchte am liebsten hellsichtig sein, vermutlich weil wir dann einen Beweis haben, dass zum Beispiel die Engel wirklich existieren und nicht nur unserer Einbildungskraft entsprungen sind. Nach meiner Erfahrung entwickelt sich die direkte Hellsichtigkeit in unserem Tempo, vielen Menschen würde es Angst bereiten, real etwas zu sehen, was andere nicht sehen können, und so macht es für die Geistige Welt keinen Sinn, uns in etwas zu unterstützen, was uns in Angst und Schrecken versetzt. Liebevolle Wesen wollen uns nicht ängstigen. Geistige Wesen haben auch nicht unbedingt ein menschliches Aussehen, oder, wie es mir passierte, sie strahlen so viel Erhabenheit und Größe aus, dass ich ganz überwältigt war. Bei mir zeigten sich aus diesem Grund meine Geistführer für einige Zeit verschleiert, ich konnte zwar ihr Licht wahrnehmen, aber nicht ihr Aussehen. Erst als ich bereit dazu war und sie bat, sich zu zeigen, durfte ich einen Blick auf sie werfen.

Indirektes und direktes Hellfühlen

Alle hellen Sinne sind für das Channeln wertvolle Helfer. Die indirekte und direkte Hellfühligkeit gehören auch zu den Sinnen, die bei vielen Menschen schon von Geburt an angelegt sind, häufig aber unterschätzt werden.

Beim Channeling spüren wir mit der Hilfe des Hellfühlens, ob ein Wesen sich gut anfühlt oder nicht. Ob unser Herzchakra weit wird oder eng, uns Wärme durchströmt oder Kälte. Darauf gehe ich später noch ein.

Spüren wir andere Menschen indirekt hellfühlig, nehmen wir deren Schmerzen und Gefühle wahr, jedoch eher subjektiv, als sie real zu empfinden. Bei der direkten Hellfühligkeit fühlen wir genau die Schmerzen, die jemand anderes hat, und zwar als reale Schmerzen. Wenn eines meiner Kinder kränkelt, fühle ich mich auch krank und habe das Gefühl, auf Abstand gehen zu müssen, damit ich nicht in deren Energiefeld bin. Oder wenn ich mich in der Aura eines Klienten mit einem verschlossenen Herzchakra aufhalte, fühlt sich mein ganzer Brustkorb eng an. Ich empfinde die Trauer und Angst des Klienten, selbst wenn der Klient es nicht bewusst wahrnimmt. Unterdrückte Gefühle von Ärger und Wut spüre ich im Solarplexus als Druck oder als Gefühl.

Durch ein Beispiel wurde mir das vor einiger Zeit verdeutlicht: Als ich in einem Fitnessstudio auf einem Laufband trainierte, spürte ich plötzlich grundlos Aggressionen, die von einem jungen Mann stammten, der direkt neben mir trainierte. Das Gefühl verschwand in dem Moment, als er den Platz verließ. Hier können wir auch gut unterscheiden, was von uns kommt und was nicht. Spazieren wir beispielsweise friedlich durch einen Park und fühlen uns plötzlich nicht mehr wohl, ist es gut möglich, dass wir ohne unser Wissen etwas von anderen Spaziergängern übernommen haben. Hat es etwas mit uns zu tun, bleibt das Unwohlsein, gehört es nicht zu uns, ist es verschwunden, sobald wir uns von den anderen Personen entfernen.

☆☆☆

Indirekte und direkte Hellhörigkeit

Mit der Hellhörigkeit verhält es sich ähnlich, auch hier gibt es die indirekte Stimme, die sich über unsere Gedanken meldet, und die direkte Stimme, die wir so real hören, als wenn jemand gerade jetzt laut und deutlich mit uns spricht. Ich selbst höre die direkte Stimme nur dann, wenn die Geistige Welt etwas als besonders wichtig erachtet, zum Beispiel eine Warnung übermitteln möchte. Hören Menschen negative Stimmen, kann das extrem belastend werden. Meistens sind das schwerwiegende Besetzungen und Fremdeinflüsse. Viele solcher Menschen sitzen in der Psychiatrie.

Über die indirekte Hellhörigkeit erhalten wir Botschaften aus der Geistigen Welt in Form von Energieströmen. Die Energieströme wandeln sich dann mit Hilfe unseres Wissens und Verstandes in Worte, Bilder und Begriffe, wie Erzengel Jophiel es schon ausführte. Da wir in unserer westlichen Welt sehr im Tun sind, jedoch weniger in der Hingabe, braucht es Geduld, sich im absichtslosen Schauen und Empfangen zu üben. Mir selbst fiel es anfangs schwer, Botschaften der Engel zu erhalten, und so bat ich sie, mir etwas, was ich nicht verstand, als Bild zu zeigen. Regelrecht spürbar war, wie sie in meinem Kopf nach menschlichen Worten suchten, die das, was sie ausdrücken wollten, verdeutlichen sollten. Möchten wir für andere channeln oder öffentliche Channelings anbieten, ist es vorteilhaft, uns ein breites spirituelles Wissen anzueignen, dann hat die Geistige Welt viel mehr Möglichkeiten, uns etwas zu übermitteln. Und wir können uns entspannen.

Hellwissen

Hellwissen wird auch als Königsdisziplin bezeichnet, die sich manchmal erst im Laufe der Jahre entwickelt. Beim Hellwissen gibt es keinen Zweifel darüber, etwas sicher zu wissen. Häufig sagen wir dann: „Ich weiß es einfach“, und können nicht genau definieren, woher das Wissen stammt. Aber wir sind uns absolut sicher. Auch vergleichbar mit der Intuition und dem Bauchgefühl. Das sichere Wissen stammt meistens aus der Geistigen Welt, unserer eigenen Führung und unserer Ur-Seele.

Die Fähigkeit des Hellwissens lässt sich nicht so einfach wie ein Muskel trainieren, sondern ist eher ein Geschenk unserer Seele und der Geistigen Welt. Es sei denn, wir verfügen über besonders viel Hingabe und Vertrauen, dann ist es durchaus möglich, sich in das Hellwissen hinein zu entwickeln. Hellwissen ist so etwas wie eine direkte Leitung zur Quelle, zu Gott, zur Ur-Seele, oder wie man es nennen möchte. Wir sind sehr oft Kanal für Wissen aus den geistigen Ebenen, manchmal in kleinen Augenblicken des Alltags, jedoch sind wir nicht immer aufnahmefähig. Unser inneres Aufnahmegerät ist ausgeschaltet. Wir vertrauen unseren Impulsen und Wahrnehmungen nicht, was sehr schade ist.

Mit der Fähigkeit des Hellwissens lässt sich sehr gut unterscheiden, ob eine Botschaft unseren Gedanken entsprungen ist oder ob sie aus höherer Quelle stammt. Bei mir hat sich das Hellwissen mit der Zeit dahin entwickelt, dass ich als Seminarleiterin oder in der Einzelarbeit stets weiß, was ich zu tun habe, ohne darüber nachzudenken oder mir vorher Gedanken darüber gemacht zu haben.

Schmecken und Riechen

Bei diesen zwei Sinnen können wir etwas wirklich schmecken oder riechen, was sich im Energiefeld des anderen befindet. Trinkt beispielsweise jemand viel und gerne Alkohol, hat jetzt aber gerade nichts getrunken, haben wir plötzlich den Geschmack von Alkohol im Mund. Das kann bis zur Benommenheit und zu Schwindelgefühlen führen. Oder es wird uns schlecht, weil wir Alkohol riechen, ohne dass real Alkohol vorhanden wäre.

Auf einer Messe lernte ich ein Frau kennen, die Gefühle riechen konnte. In ihrer Wahrnehmung riechen Rachegefühle nach faulen Eiern, Angst wie abgestandenes Wasser und ein Mensch, der wegen etwas beleidigt ist, muffig. Auf der anderen Seite riechen Personen, die Herzenswärme ausstrahlen, nach Rosen, und Freude riecht nach Parfüm. Bei einer meiner Engel-Meditationen roch eine Teilnehmerin zu ihrem eigenen Erstaunen plötzlich Blumen. Das verwundert nicht, denn wenn Engel in unserer Nähe sind, verströmen sie feine Blumendüfte.

Was kann uns helfen, unsere hellen Sinne zu entwickeln?

- Chakren- und Aurareinigung und Energetisierung.
- Immer ganz im Körper sein, den Körper ausfüllen bis in die Fußchakren.
- Aufbau des Lichtkörpers und alles, was weiter oben unter Schwingungserhöhung genannt wurde.
- Für die Hellsichtigkeit dürfen wir die Erzengel/Seraphim Raphael oder Gabriel um Heilung des Dritten Auges anrufen.

Wir bitten darum, alle Ängste und negative Erfahrungen zu entfernen, die mit der Hellsichtigkeit zusammenhängen.

- Für das Hellhören bitten wir Erzengel Michael, die Ohrchakren, das Hinterhauptchakra (Medulla Oblongata) und das Halschakra zu reinigen und zu heilen.
- Rückführungen sind ebenfalls sehr hilfreich, um Themen zu lösen, die zu Blockaden aus dieser und anderen Inkarnationen geführt haben, inklusive einer karmischen Reinigung.
- Räuchern mit gutem Räucherwerk (wie oben beschrieben).
- Feedbacks von anderen. Deswegen ist es zu empfehlen, Channeln zu zweit zu üben und danach eine Rückmeldung zu erhalten.
- Viel visualisieren, sich Bilder vorstellen, geführte Meditationen anhören, in denen innere Bilder vorkommen.
- Positive Affirmationen formulieren, besonders aber Verneinungen über eine außersinnliche Begabung vermeiden.
- Verbesserung der Lebensweise durch gesunde, überwiegend pflanzliche Ernährung, möglichst aus kontrolliert biologischem Anbau, ausreichend Schlaf, regelmäßiger Aufenthalt in der freien Natur und Bewegung für den Körper.
- Vermeidung von Giftstoffen, wie beispielsweise Fluorid. Fluorid ist häufig enthalten in Zahnpasten, Mundwasser sowie in Speisesalz und hat eine sehr ungünstige Wirkung auf unsere Zirbeldrüse. Die Zirbeldrüse befindet sich in unserem Gehirn und ist der Sitz der Intuition, des gesunden Menschenverstands und des freien Willens. Zudem stellt die Zirbeldrüse eine wichtige Verbindung zum Dritten Auge, den Ohrchakren, dem Schädelbasischakra und dem Kronenchakra dar.
- Und nicht zuletzt: Üben, üben, üben!!! Viel Geduld haben, sich den eigenen Wahrnehmungen hingeben und ihnen ver-

trauen. Und auf unsere geistigen Begleiter zählen, denn sie wissen, wann für uns der Zeitpunkt gekommen ist, unsere hellen Sinne weiterzuentwickeln. Deswegen ist ein Forcieren-Wollen nicht unbedingt der beste Weg, ein reiner, klarer Kanal zu werden.

☆☆☆

8. Reinigung der Zirbeldrüse, der Ohrchakren, des Dritten Auges, des Schädelbasischakras und des Kronenchakras

Die Zirbeldrüse stellt nicht nur eine Verbindung zum Dritten Auge, zum Schädelbasischakra, zu den Ohrchakren und dem Kronenchakra dar, sondern sie ist sehr wichtig für die geistige Kommunikation und die Fähigkeit, feinstoffliche Energien wahrzunehmen. Ist sie blockiert (verkalkt), sind wir geistig nicht frei, und es fällt uns schwer, auf die eigene Intuition zu hören. Blockiert wird sie besonders durch Fluorid in Zahnpasta, Mundwasser und Salz (in fast allen industriell hergestellten Produkten). Zudem durch Kaffee und Alkohol. Reinigen und entgiften lässt sich die Zirbeldrüse durch eine basische Ernährung, Kurkuma, Artischocken, Chlorella-Algen und Vitamin C aus der Acerola Kirsche. Vermeiden sollten wir künstliches Licht (die einfachen Glühbirnen sind besser geeignet für die Zirbeldrüse), nachts Elektrosmog (Freischalter in den Sicherungskasten einbauen) und alle Produkte, die Fluorid enthalten. Diese Maßnahmen sind nicht nur eine Wohltat für die Zirbeldrüse, sondern gleichzeitig eine Reinigung für den ganzen Körper. Dadurch verstärken sich unsere Fähigkeiten, die Geistige Welt wahrzunehmen.

Selbstverständlich lässt sich die Zirbeldrüse nicht nur physisch reinigen, sondern auch auf geistiger Ebene. Die geistige Entgiftung der Zirbeldrüse und der oberen Chakren lässt sich sehr gut in die alltägliche Meditation mit einfügen, und es ist ratsam, diese häufig durchzuführen:

- Suche dir einen ruhigen Platz, an dem du eine Zeitlang ungestört bist.
- Atme mehrere Male tief ein und aus und stell dir mit jedem Ein- und Ausatmen vor, du würdest tief in dir Platz nehmen. Atme dich herunter bis zu deinen Fußchakren. Beginnen deine Fußsohlen zu kribbeln, weißt du, dass die Energie bis nach unten fließt.
- Sage dir: „Ich bin reine Liebe und verbunden mit der Liebe von Mutter Erde und von Gott (Quelle, Hohes Selbst usw.)."
- Erfülle dein Herz mit bedingungsloser Liebe und lass diese Liebe sich nach allen Seiten ausdehnen. Erschaffe dir auf diese Weise einen heiligen Raum der Liebe.
- Stell dir in der Mitte deines Gehirns in der Zirbeldrüse einen goldenen, leuchtenden Stern vor. Dieser Stern sendet seine reinigenden, heilenden Strahlen bis zu deinem Dritten Auge, den Ohrchakren, nach hinten zum Schädelbasischakra und nach oben zum Kronenchakra aus.
- Setze die kraftvolle Absicht: „Alle meine oberen Chakren einschließlich der Zirbeldrüse sind jetzt gereinigt, energetisiert und aktiviert."

☆☆☆

9. Bewusste positive Lebensweise

Wie schon erwähnt, befinden sich im Universum sowohl positive Wesenheiten, als auch negative. Und wir dürfen nicht vergessen, dass das Universum nicht getrennt von uns ist, es umgibt beziehungsweise durchdringt uns. Stets sind wir allen Kräften ausgesetzt, und da wir uns nicht die meiste Zeit des Tages reinigen, räuchern, mit den Engeln arbeiten oder uns in der Liebe befinden, ist es umso wichtiger, uns durchgehend eine positive Lebensweise anzugewöhnen, denn die meiste Zeit unseres Lebens besteht aus Alltag.

Wie schon erwähnt, gibt es auch Menschen, die Angst bekommen, wenn sie durch Schwingungserhöhung plötzlich Stimmen hören, Farben sehen, Energien spüren oder Schmerzen und Gefühle anderer Personen in ihrer Umgebung wahrnehmen können. Die zunehmende Sensitivität ist eine ganz natürliche Entwicklung, wenn wir uns mit dem Channeln beschäftigen, ebenso, wie wir empfänglicher werden für Geräusche, Gerüche, Energien in Räumen, Unstimmigkeiten in Situationen usw. Selbst wenn jemand schon lange mediale Fähigkeiten besitzt, intensivieren sich diese, wenn direkter Kontakt zur Geistigen Welt hergestellt wird. Und ich denke, keiner hat ein Verlangen danach, negative Wesen zu sehen, zu hören oder zu fühlen. Die Psychiatrie ist voll mit Menschen, die im Grunde mediale Begabungen haben, aber ungute Begegnungen mit negativen Wesen kennen. Diese können aggressiv und fordernd sein, und ich wünsche niemandem, damit Bekanntschaft zu machen.

Vielleicht wird jetzt klarer, warum wir eine durchgehend positive Ausrichtung brauchen. Mit einer positiven Grundeinstellung und Handlungsweise sind wir weniger angreifbar und empfänglich für negative Wesenheiten. Viele Menschen wissen nicht darum und sind sich der Energien, die sie umgeben, nicht bewusst, jedoch kenne ich auch Medien, die im Engelbereich arbeiten, die geblendet sind von unguten Wesen, die sehr weise klingen und auch für eine gewisse Zeit Licht ausstrahlen können. Sind wir nun auf das uns innewohnende Licht und die göttliche Liebe ausgerichtet, arbeiten mit der Liebe, reinigen uns und unsere Wohnung regelmäßig, haben wir allerbeste Chancen, stets positive Wesen einzuladen.

Zu einer bewusst positiven Lebenshaltung gehört auch, nicht über andere Menschen schlecht zu reden, zu tratschen, Schimpfwörter zu benutzen und sich Probleme immer wieder herzuholen, indem sie dauernd weitererzählt werden. Oder den Fokus auf negative Schlagzeilen in Zeitung und Fernsehen zu richten. Wir nehmen Energien auch über die Augen und Ohren auf – durch Filme, die wir sehen, und was wir hören oder lesen – all diese Schwingungen finden den Weg in unser Inneres. Schwingungsenergien sind Seelennahrung, denn wir ernähren uns nicht alleine vom Essen. Eine bewusst herbeigeführte Pause von negativen Nachrichten aus den Medien wirkt wie eine geistige Entgiftung, insofern tut es uns gut, ein gelegentliches Medienfasten einzuführen.

Kürzlich war ich morgens an einem Weiher zum Schwimmen und verfolgte ein Gespräch zwischen zwei älteren Damen. Nach einer Weile des Plauderns sagte die eine Frau, man müsse mit Kindern am Wasser sehr aufpassen. Und nun hatten die beiden genügend Gesprächsstoff, was alles schon mit Kindern am und im Wasser in der Vergangenheit geschehen war. Hinzu kamen

Berichte aus Funk und Fernsehen. Ist die Schwingungsfrequenz ohnehin schon niedrig, sinkt sie durch solch eine Vorgehensweise weiter ab, weil wir uns in schwere Energien hineinsteigern. Wir geben ihnen unsere ganze Aufmerksamkeit und holen uns alte Erlebnisse und Erinnerungen energetisch zurück. Nicht anders verhält es sich, wenn in Seminaren und Einzelsitzungen Themen geklärt und bearbeitet wurden, und wir diese festhalten, indem wir sie immer wieder durch Erzählen aufwärmen. Selbstverständlich ist es gelegentlich notwendig, über manche Themen öfter zu sprechen, nur sollte es irgendwann auch mal gut sein.

Was uns dagegen umgehend eine positive Grundhaltung beschert, ist die Dankbarkeit. Wir können nicht nur dafür dankbar sein, in einem Land leben zu dürfen, in dem Frieden herrscht, sondern es gibt unendlich viele Möglichkeiten, sich in Dankbarkeit zu üben. Für viele alltägliche Dinge und Begebenheiten lohnt es sich, Danke zu sagen.

Es gibt ein wunderbares Lied, gesungen von Marietta Zumbült, das uns auf einfache Weise in die Dankbarkeit versetzt. Der Text dazu wurde von Jani King gechannelt und stammt von einem geistigen Wesen mit dem Namen P`taah. Im Universum herrscht Fülle, sagt P`taah, und wenn wir in die Dankbarkeit gehen, öffnet sich ein Kanal ins Universum, und wir sind automatisch an die Fülle angeschlossen.

„Danke“ von P`taah

Danke für die Liebe, die mich umgibt.
Danke für die Liebe, die ich bin.
Für die Liebe in meinem Leben,
für das Wunder, das ich bin.
Danke für die grenzenlose Fülle, die ich bin.

Danke, Danke, Danke!
Danke, danke, dass ich BIN.

Danke für das Staunen und die Größe in mir.
Danke für das Geschenk des Lebens
und für den perfekten Körper, der nur die Wahrheit kennt.
Danke für die Schönheit,
für das Lachen und das Spiel.

Danke, Danke, Danke!
Danke, danke, dass ich BIN.

Und die Fülle, die ich gespiegelt sehe überall, überall, überall.
Danke für die Reichtümer und Danke für das Geld,
das zu mir und durch mich strömt.

Danke für die Leidenschaft am Leben.
Danke für meine Göttlichkeit.
Danke für das Privileg, zu dienen und zu teilen.
Danke für die Liebe, mit der alle Wunden heilen.

Danke, Danke, Danke!
Danke, danke, dass ich BIN.

Neben der Dankbarkeit gehört zu einer bewussten positiven Lebensweise, die Bedürfnisse unseres menschlichen Körpers zu beachten. Unser Körper braucht eine lebendige vollwertige Ernährung, Bewegung und die Erdung. Geerdet sind wir, wenn wir vollständig im ganzen Körper präsent sind. Ist das nicht der Fall, wer ist dann im Körper? Die Engel haben es so ausgedrückt: *„Wie können wir euch erreichen, wenn ihr nicht zu Hause seid?“* Und füllen wir unseren Körper nicht aus, haben andere Energiewesen Zutritt. Besonders dann, wenn es durch Traumata und andere Gegebenheiten zu Seelenabspaltungen gekommen ist. Zumeist haben wir viele Seelenanteile abgespalten, schon wenn wir Anteile von uns ablehnen, kann sich dieser Teil unter Umständen absondern. Beispielsweise wurde ich als Kind immer ausgelacht, wenn ich wütend über etwas war, und wie Kinder so sind, fühlte ich mich nicht richtig. Diesen Teil von mir spaltete ich ab, und als ich den Seelenanteil zurückholte, war es wie ein verlorenes, einsames Kind, das nach Hause gekommen war. Ganz liebevoll nahm ich diesen Teil wieder in Empfang.

Um ganz im Körper zu sein, ist es am einfachsten, sich so oft wie möglich auf die Fußchakren zu konzentrieren, dadurch gehen wir energetisch aus dem Kopf heraus, sind mehr im Hier und Jetzt, und unser Gedankenstrom beruhigt sich. Den Fokus auf die Fußchakren zu lenken, lässt sich sehr gut in den Alltag integrieren. Lumira, eine russische Heilerin, sagt: „Spüre deine Socken, wenn du dich auf deine Socken konzentrierst, bist du im Körper präsent.“ Im Sommer können wir uns auf imaginäre Socken konzentrieren oder eben auf die Fußchakren.

Zu einer bewussten positiven Lebensweise gehört auch eine Ernährung, die so natürlich wie möglich ist und frei von

Schadstoffen sein sollte. Erzengel Raphael sagt zu der menschlichen Ernährung: *„Esst keine tierischen Produkte, wozu nicht nur Fleisch, sondern auch Milcherzeugnisse gehören. Milchprodukte verschleimen euer ganzes System."*

Essen ist ein ganz wichtiger Faktor, der unsere Schwingungsfrequenz absenkt oder anhebt. Ich glaube, es ist plausibel, dass unsere Schwingung nicht sehr hoch sein kann, wenn wir etwas essen, wodurch andere Wesen leiden mussten. Auch Kühe leiden, wenn man ihnen die Kälbchen wegnimmt, für die eigentlich die Milch bestimmt sein sollte. So manch eine Kuh brüllt stundenlang nach ihrem Neugeborenem. All diese Energien von Trauer und Schmerz finden wir in der Milch und den daraus erzeugten Produkten.

Die Schwingung im Körper lässt sich schlechter aufbauen und halten, wenn wir uns mit schweren Energien umgeben, egal, in welcher Form. Auf der anderen Seite verbessert sich die Reinheit des Kanals zum Channeln, wenn wir uns auf lebendige Nahrung fokussieren und industriell hergestellte Fertigprodukte im Regal stehen lassen. Lebendige Nahrung enthält viel Lichtenergie, dazu zählen in erster Linie Gemüse und Obst, die in einer natürlichen Umgebung unter freiem Himmel reifen dürfen. Und wir dürfen den Pflanzen auch unsere Wertschätzung zuteilwerden lassen. Das ließen mich die Pflanzenwesen wissen, als ich mich mit ihnen für die Räucherung verband.

Mein Kanal zur Geistigen Welt wurde deutlich klarer und weiter, als ich damit aufhörte, mittags Joghurt mit Müsli zu essen und insgesamt Milchprodukte sehr stark reduzierte. Stattdessen bereite ich mir nun Mittags einen grünen Smoothie aus Wildkräutern und grünem Gemüse zu. Endlich zählt die Übersäuerung meines Körpers der Vergangenheit an, und als wunderschöne Nebenwirkung schlief ich deutlich besser und wurde insgesamt ruhiger. Durch die grünen Smoothies erhielt mein Körper die benötigten Mineralien, und auch das nächtliche *Restless Legs Syndrom* tritt immer weniger auf. All diese schönen Veränderungen überraschten mich, denn meiner Meinung nach ernährte ich mich eigentlich schon lange vollwertig und gesund.

Zu guter Letzt gehört zu einer bewussten positiven Lebensweise auch die regelmäßige Bewegung, die unser Körper benötigt, um fit und vital zu bleiben.

☆☆☆

ÜBUNGSTEIL CHANNELING

Nun sind wir schon ein ganzes Stück vorangekommen, um uns mit großen Schritten dem Channeln zu nähern. Es dient uns sehr, wenn wir vor dem ersten Channeling die Seraphim bitten, unsere Chakren zu reinigen, zu energetisieren und zu öffnen. Wer jedoch einen guten Bezug zu Naturwesen hat, kann sich die Kanäle auch von den Wesen der Natur öffnen lassen. Wenn das Wetter es zulässt, gehe ich in meinen Channel Lern-Seminaren mit den TeilnehmerInnen an einen besonderen Ort in einem Wald, wo ich sehr viele lichtvolle Naturwesen wahrnehme, die sich bereiterklärt haben, uns zu helfen. Die Erdgeister öffnen dann die Kanäle der Menschen nach unten, die Luftgeister (Elfen, Lichtwesen und Engel) öffnen die Kanäle nach oben, und die Baumgeister bringen beides in Fluss, von oben nach unten und von unten nach oben. Wichtig ist es, den Naturwesen für ihre Dienste etwas zurückzugeben, beispielsweise einige Kristalle auszulegen oder auch etwas Essbares wie Nüsse und Körner.

Meine erste Gruppe, mit der ich zu dem magischen Ort im Wald ging, bestand aus lauter Frauen, und wir mussten sehr schmunzeln, als die Naturwesen ganz erstaunt ausriefen: *„Oh, es sind lauter Göttinnen gekommen!“*

Ist das Wetter nicht für einen Spaziergang in die Natur geeignet, lässt sich für die Öffnung der Kanäle auch genauso gut die folgende Meditation verwenden. Dafür laden wir die Erzengel/Seraphim Metatron, Michael und Gabriel zu uns ein. Wir dürfen darauf vertrauen, dass die Erzengel nur das geschehen lassen, was dem höchsten Wohl unserer Seele entspricht und uns zum jetzigen Zeitpunkt dient.

Übung: Die Kanäle reinigen und öffnen

- Suche dir einen ruhigen Platz, an dem du eine Zeitlang ungestört bist.

- Bitte die Erzengel Metatron, Michael und Gabriel zu kommen.

- Bringe dich in einen entspannten Zustand und atme einige Male tief ein und aus.

- Erde dich, indem du deine Aufmerksamkeit auf deine Fußchakren/Fußsohlen lenkst.

- Öffne dein Herz für die Liebe und fühle intensiv diesen Prozess.

- Hilfreich ist es, wenn du dir vorstellst, wie sich das Herz beziehungsweise das Herzchakra öffnet und die Liebe aus dem Herzen zu strömen beginnt.

- Verbinde dich mit der Liebe von Mutter Erde.

- Schließe dich an das göttliche Licht an. Du kannst beobachten, wie das göttliche Licht herabfließt, als feinste Lichtkristalle in verschiedenen Formen und Farben, die dich heilsam umgeben und durchdringen.

- Stell dir das Licht in deinem Herzchakra vor und dehne es mit jedem Einatmen weiter aus. Vom Herzchakra bis zum Solarplexus und zum Halschakra, dann bis zum Sakralchakra und zum Dritten Auge, und vom Herzchakra ausgehend ins Wurzelchakra und Kronenchakra.

- Bitte nun deine Chakren, sich zu einem großen Herzchakra zu vereinigen. Nun kannst du wahrnehmen, wie du aus deinem Herzen reines Licht und reine Liebe ausstrahlst.

- Mit jedem weiterem Atemzug dehnst du das Licht in deine sieben energetischen Körper aus beziehungsweise lässt das Licht seinen Weg finden.

- Bitte nun Erzengel Metatron, goldenes Licht durch deinen Lichtkanal fließen zu lassen. Auch hier kannst du den Prozess beobachten, wie goldenes Licht entlang deiner Wirbelsäule strömt und den Kanal zwischen Himmel und Erde reinigt.

- Bitte nun Erzengel Michael, die Ohrchakren, das Halschakra und das Schädelbasischakra zu reinigen und zu öffnen.

- Bitte nun Erzengel Gabriel, das Dritte Auge zu reinigen und zu energetisieren.

- Fühle intensiv den Prozess und bedanke dich anschließend.

Die oben genannte Meditation kann ruhig öfter durchgeführt werden, immer dann, wenn du das Gefühl hast, dass der Kanal nicht ganz frei ist. Oder aber einfach als Reinigung und Energetisierung der Chakren. Am Anfang fühlen sich die Chakren vielleicht noch etwas belegt an, du kannst aber zunehmend wahrnehmen, wie sie immer freier werden.

Was ist vor dem Erstkontakt zu unserer geistigen Führung noch wichtig zu wissen?

Es gibt noch einige Themen, die ich für wichtig erachte, bevor wir in die Begegnung gehen. Dazu gehört das Wissen darüber, wie negative von positiven Wesen zu unterscheiden sind, was wir tun können, wenn uns ein niederes Wesen begegnet, und warum wir (noch) einen Schutz brauchen.

Unsere geistigen Begleiter sind höherschwingende Wesen, mit anderen Worten: Sie sind feinstofflicher, also leichter als wir Menschen. Um ihnen zu begegnen, müssen wir unsere Schwingung anheben, bildlich gesehen können wir es uns folgendermaßen vorstellen: Auf einer Skala von 1 bis 10 schwingt der Geistführer beispielsweise auf 8. Ist unsere Schwingung nun bei 2 oder 3 angesiedelt, wird es schwierig, uns der geistigen Führung zu nähern. Unsere Schwingungsfrequenz ist einfach zu niedrig für die hohen Frequenzen geistiger Begleiter. Im begrenzten Umfang ist es höheren Wesen möglich, ihre Schwingung der unseren anzugleichen, aber eben nur eingeschränkt. Aus diesem Grund ist es zum Channeln wichtig, unsere Schwingung auf ein Niveau zu bringen, wo wir uns treffen können. Fällt unsere Schwingung während eines Channelings ab, ist der Kontakt unterbrochen.

Wodurch kann das geschehen? Meistens durch unsere Gedanken oder Emotionen, zum Beispiel taucht ein negativer Gedanke zum Alltag auf, oder es zeigen sich Zweifel und Bedenken, vielleicht auch Widerstand oder Angstgefühle. Alles, was sich nicht leicht und liebevoll anfühlt, senkt unsere Schwingungsfrequenz.

Was können wir nun tun, wenn wir das bemerken? Wir gehen bewusst in die Liebe oder in unser reines Sein und stellen uns vor, wie unser Herzchakra sich öffnet, atmen Licht über unseren Lichtkanal ein und erinnern uns an etwas Schönes. Zum Beispiel an einen schönen Ort in der Natur, den letzten Urlaub am Meer oder etwas anderes. Und, wie weiter oben schon besprochen, helfen uns die Kristall- und auch die Kräuterwesen, die Schwingung zu halten, denn sie selbst senden eine höhere Schwingung aus und vertiefen unsere Konzentration. Natürlich können wir auch unseren Schutzengel oder die geistigen Begleiter bitten, uns darin zu unterstützen, konzentriert und in einer höheren Schwingung zu bleiben.

☆☆☆

Wann sollten wir besser nicht channeln?

- Wenn wir uns nicht wohl fühlen, krank sind oder gerade in dicken Problemen stecken. Besonders am Anfang ist es wichtig, beim Channeling in einem entspannten Zustand zu sein, schon aus dem Grund, weil sich das Ego gerne einklinkt, wenn wir uns nicht gut fühlen. Zudem hegen wir in der Regel bei Schwierigkeiten eine bestimmte Absicht und erwarten ein positives Ergebnis, was ein Channel-Ergebnis verhindern oder verwässern kann. Der zweite Grund ist, dass wir uns unter Umständen schwertun, die Schwingung auf ein höheres Niveau anzuheben und dadurch entsprechende Energien anziehen. Sind wir allerdings in der Lage, dennoch eine lichtvolle Schwingung zu halten, können wir durchaus auch in schwierigen Zeiten sehr vom Channeling profitieren.

- Wenn Alkohol getrunken wird und Drogen oder bewusstseinsverändernde Substanzen konsumiert werden.

- Wenn jemand sich in psychiatrischer Behandlung befindet und Medikamente nimmt. Channeln bedeutet immer Schwingungserhöhung, und Patienten, die zu Psychosen neigen, sollten auf keinen Fall channeln beziehungsweise das unbedingt mit ihrem Arzt besprechen.

☆☆☆

Brauchen wir einen Schutz oder nicht?

Die Geistige Welt hat uns durchgegeben, dass es für ein sicheres Channeling am Anfang hilfreich ist, uns einen Channel-Raum zu erschaffen. Der Channel-Raum ist ein Ort, an dem wir unsere persönliche Führung treffen werden. Richten wir die Bitte an Erzengel Michael, einen Schutz um unseren Channel-Raum zu legen, wird er das gerne für uns geschehen lassen. Diesen heiligen Raum kreieren wir nach eigenen Vorstellungen, es ist lediglich wichtig, dass er geschlossen ist. Es kann eine Hütte, eine Kapelle, ein Schloss, ein gemütliches Wohnzimmer oder was auch immer sein. Mein erster Channel-Raum bestand aus einer schneeweißen Glaskuppel mit einer doppelwandigen Umhüllung, in den Zwischenraum der Hülle füllte Erzengel Michael eine blaue Flüssigkeit als Schutzmaßnahme. Lud ich nun bewusst meine geistige Führung in den Channel-Raum ein, setzten wir uns auf zwei gemütliche Sessel gegenüber, die ich in meiner Vorstellung dort platziert hatte. Selbstverständlich können wir auch mehrere Geistführer haben, jedoch ist häufig einer präsenter, je nachdem, welche Themen oder Interessen wir gerade haben. Der Channel-Raum kann sich im Laufe der Zeit verändern, hier dürfen wir einfach in der Offenheit bleiben, was sich in der Zukunft zeigt.

Sind wir schon gut in der Lage, die Schwingung zu halten und einiges von unserem energetischen Ballast losgeworden, brauchen wir den geschützten Raum nicht mehr. Persönlich würde ich aber dazu raten, sich dafür sehr viel Zeit zu lassen, denn an manchen Tagen kommen wir ganz gut ohne klar und an anderen Tagen weniger, besonders dann, wenn es uns gerade nicht so gut geht. In solchen Zeiten ist es sehr wertvoll, einen Raum zu haben, in dem wir Schutz finden.

Warum nun einen Schutz? Häufig wird doch geschrieben, dass wir keinen Schutz benötigen? Die Liebe ist die höchste Schwingung im Universum und zugleich der beste Schutz für uns, deswegen arbeiten wir beim Channeln auch stets mit der hohen Liebesschwingung. Wären wir nun allzeit in der Liebe, bräuchten wir keinen zusätzlichen Schutz, nur, sind wir das immer? Leben wir nicht die meiste Zeit des Tages in einer niedrigeren Schwingung und sind beeinflusst von den ausströmenden Energien der Gedanken und Gefühle anderer Menschen, dem kollektiven Bewusstsein und von uns selbst? Und haben wir durch unsere eigenen Emotionen und Gedanken nicht auch Resonanzen in unserem Energiefeld, die bestimmte Energien anziehen? Jeder kennt das kosmische Gesetz der Anziehung: Gleiches zieht Gleiches an. Ist nun unser Schwingungsfeld durchdrungen von Liebe, strömen Engel und Lichtwesen zu uns, genau dasselbe geschieht auch in der anderen Richtung. Deswegen hat die Geistige Welt einen möglichst sicheren Channel-Raum vorgeschlagen und den Weg dorthin aufgezeigt.

Bei mir taucht dazu folgendes Bild auf: Ich werde von einer Person eingeladen, bei der ich noch nie zu Hause war, weshalb ich die Strecke zu ihrer Wohnung nicht kenne. Um sicher anzukommen, beschreibt sie mir genau den Weg. Nun gibt es aber keine 100-prozentige Sicherheit, dass ich mich nicht doch irgendwo verfahre oder die Straße nicht finde. Ebenso gibt es auch beim Channeling keine 100-prozentige Sicherheit. Laut der Geistigen Welt ist der Channel-Raum etwa zu 80 Prozent sicher, deswegen ist es gut zu wissen, wie wir damit umgehen, wenn sich andere Wesen einklinken. Mit dem Wissen wächst unsere Sicherheit nochmals an, weil wir der Angst keine Nahrung geben, sondern handeln können. Hierzu gehört, sich klarzumachen, dass wir immer Herr beziehungsweise Frau im eigenen Haus sind, also kein geistiges Wesen kann uns jemals etwas anhaben, wenn wir es nicht zulassen. Und je mehr wir in der Kraft sind und liebevoll leben, desto weniger ziehen wir Ungutes an. Der Satz: „Wir kreieren in der Gegenwart unsere Realität für die Zukunft“, kommt auch beim Channeling zum Tragen. Manches geschieht allerdings auf unbewusster Ebene, und aus diesem Grund sind Kenntnisse über niedere Wesen wichtig. Kommt nun eine Energie daher, die wir nicht einordnen können, gibt es verschiedene Möglichkeiten, damit umzugehen, die ich im folgenden Kapitel beschreibe.

☆☆☆

Was tun, wenn eine negative Präsenz spürbar ist?

Ebenso wie in der materiellen Welt gibt es in den feinstofflichen Dimensionen Wesenheiten, die nicht im Einklang mit sich sind und eher der Stimme des Egos folgen als den Stimmen der Engel oder Gott. Sie sind nicht in jedem Fall schlecht, es können Verstorbene sein, die sich noch in der Astralebene aufhalten. Sie haben jedoch dasselbe Bewusstsein, das sie auf der Erde hatten und nicht unbedingt ein höheres. So kennen sie auch nicht unseren Seelenplan und sind nicht in der Lage, uns bestmöglich auf unserem Weg zu begleiten. Verstorbene sprechen so mit uns, wie Menschen sprechen würden, mit Ratschlägen, Vorhersagen, und auch Angstmacherei kann dabei sein. So, wie Menschen eben sind und es hier auf der Erde erfahren haben. Natürlich gibt es auch liebe Verwandte, die sich noch in der Zwischenwelt aufhalten und es gut mit uns meinen, die sich Sorgen um uns machen, uns helfen oder etwas wieder gutmachen möchten. Ich erlebe verstorbene Verwandte der Klienten, die in Einzelsitzungen auftauchen, durchweg als sehr liebevoll.

Des Weiteren gibt es Wesenheiten im Universum, die sich an uns hängen, um mit Energie versorgt zu werden. Sie halten uns möglichst lange beschäftigt, damit sie sich an unserem Licht nähren können. Und selbstredend gibt es auch ungute Wesenheiten im Universum, die uns zu Suchtverhalten und Weiterem verleiten. Das Universum ist wie die Erde: oben wie unten – unten wie oben. Und auf der Erde gibt es auch solche und solche Menschen.

Bei allen Durchgaben gilt es, auf das eigene Gefühl zu hören und auch alles zu überprüfen, ob es für uns Sinn macht und wir uns mit der Botschaft anfreunden können. Höhere Geistführer wünschen sich zudem von uns, dass wir nicht blindlings alles glauben, sondern unser eigenes Urteilsvermögen einsetzen, damit wir selbst in die Meisterschaft kommen.

Wir sollten uns stets bei den durchgegebenen Antworten folgende Fragen stellen:

- Kommt etwas zur Ruhe in mir, oder reagiere ich unruhig?
- Kann ich die Antwort im Leben umsetzen, also hat sie einen praktischen Wert für mich?
- Fühlt es sich für mich richtig an, nach den Informationen zu handeln?
- Dienen sie mir und auch meinen Mitmenschen?
- Ist die Antwort voller Liebe und Güte?
- Wie fühlt sich die Energie an? Wird mir warm, spüre ich Geborgenheit, oder fühle ich mich unwohl, bedrückt oder niedergeschlagen?

Der Kontakt zur geistigen Ebene lässt sich mit der irdischen Realität folgendermaßen vergleichen: Begegnen wir einem Menschen, wissen wir in der Regel sehr schnell, ob wir uns mit ihm wohlfühlen oder nicht. Am deutlichsten spüren wir das, wenn uns jemand zu nahe kommt. Die Person dringt sozusagen in unser Energiefeld ein. Es meldet sich dann unser Bauchgefühl und gibt uns Bescheid, ob wir weiteren Kontakt zu der Person wünschen oder nicht. Das ist beim Channeln nicht anders. Fühlen wir uns komisch, ängstlich, spüren Enge in der Brust (Herzchakra verschließt sich) oder Druck im Solarplexus, dann empfehle ich, die unten genannten Schritte anzuwenden.

Am Anfang eines jeden Channelings ist es wichtig, sich nach dem Betreten des Channel-Raums zu vergewissern, ob sich die erschienene Präsenz warm und wohlwollend anfühlt oder beengend und kühl. Kommt eine komische Energie daher, gibt es verschiedene Möglichkeiten, damit umzugehen.

1. Schritt:
Nicht in die Angst gehen – Wir sind der Chef/die Chefin und können entscheiden, wer zu uns zu Besuch kommt.

2.Schritt:
Sich innerlich sagen und so intensiv wie möglich fühlen: **„Ich gehe in mein reines Sein"** oder **„Ich gehe in mein Herz und in meine Liebe."** Häufig entfernen sich schon allein dadurch Wesenheiten, die weniger Licht in sich tragen.

3.Schritt:
Sollte das nicht ausreichen, dann fordere mit folgenden Worten die Präsenz auf, ihr Licht zu zeigen: **„Zeige mir dein Licht oder entferne dich!"** Das kann bis zu 3-mal oder mehr wiederholt werden, was manchmal nötig ist, weil die Wesenheit es anfangs noch schafft, Licht aufzubauen, aber nicht in der Lage ist, das Licht so lange und intensiv zu halten wie ein höheres Wesen, das mehr Licht in sich trägt. Zeigt das Wesen kein Licht, dann fordere es freundlich, aber bestimmt auf: **„Gehe bitte dahin zurück, wo du hergekommen bist!"** Sehr förderlich ist es, wenn wir uns dabei innerlich aufrichten und in die eigene Größe gehen, wenn wir uns vorstellen, wie sich unsere Flügel weit ausbreiten und wir dadurch größer und machtvoller erscheinen. Wir nehmen somit mehr Raum ein und fühlen uns selbst auch

stärker und mächtiger. Dann freundlich, aber energisch, die Wesenheit wegschicken.

4.Schritt:
Hilft alles nichts: Das Channeling für heute beenden und es ein anderes Mal erneut probieren.

Mit diesem Vorgehen haben wir nochmals unsere Sicherheit gesteigert und können zunehmend ins Vertrauen gehen, wirklich mit unserer geistigen Begleitung in Kontakt zu sein. Manchmal steht eine niedrig schwingende Wesenheit direkt vor unserer geistigen Führung, und nach den oben beschriebenen Schritten entfernt sich das Wesen, und unsere geistige Führung wird sicht- und spürbar. Zu empfehlen ist, sich immer wieder ins reine Sein zu begeben, also ganz tief in seinem Herzen die Liebe zu fühlen, weil wir dadurch unsere Lichtfrequenz zunehmend aufbauen. Und dabei die Erdung nicht vergessen! Sind wir in der Lage, ins reine Sein oder tief in die Liebe zu gehen, entfernen sich niedere Wesen recht schnell oder kommen gar nicht erst.

Ebenso sollten wir stets unsere persönliche geistige Führung anrufen, oder, wenn wir einen Namen erhalten haben, diesen benutzen. Das gleiche gilt, wenn wir mit den Aufgestiegenen Meistern oder Erzengeln in Kontakt treten möchten. Hier sagen wir beispielsweise: **„Bitte, lieber Erzengel Michael, komm zu mir."** Häufig wird empfohlen, die Engel zu rufen oder die Geistige Welt um Hilfe zu bitten. Nur gibt es, wie weiter oben beschrieben, im Universum auch andere Wesenheiten, und genauso, wie auf der Erde nicht alle Menschen licht- und liebevoll sind, ist im Universum nicht alles von Licht durchdrungen.

Manche Empfehlungen, um mit der Geistigen Welt zu arbeiten, lauten, den Zusatz zu verwenden: „Dass nur das zu mir kommt, was aus dem höchsten Licht stammt.“ Ganz ehrlich habe ich das anfangs auch geschrieben oder weitergegeben, einfach weil ich es nicht besser wusste. Leider dient uns der Satz nicht, denn letztendlich kommt alles aus dem höchsten Licht und von Gott. Wir alle sind von Gott/Göttin in Liebe und aus dem Licht erschaffen und tragen den göttlichen Funken in uns, aber dennoch haben sich manche Menschen entschieden, bewusst oder unbewusst einen anderen Weg zu gehen. Da wir den freien Willen von Gott erhalten haben, liegt das ganz in unserer Macht. Die Trennung, die wir allzu oft erschaffen: Oben ist der Himmel beziehungsweise das Universum und unten die Erde, gibt es in Wahrheit nicht. Wir sind der Himmel, und wir sind die Erde, wir sind Licht, und wir sind Schatten. Im Grunde sind Licht und Schatten eins, und häufig dient uns der sogenannte Schatten, um etwas zu erkennen und zu verändern.

Beispielsweise war mir kürzlich eine eigene Handlungsweise bei einem Treffen mit einer lieben Freundin sehr unangenehm, was mir allerdings erst im Nachhinein bewusst wurde. Nehmen wir alles in Liebe an, auch unsere sogenannten Schattenanteile, lässt sich eine bestimmte Handlungsweise viel leichter verändern. Dadurch wird eine Lichtspur gelegt, und wir handeln in ähnlichen Situationen anders. Können wir liebevoll auf uns und unsere kleinen Unvollkommenheiten schauen, werden wir toleranter und mitfühlender anderen Menschen gegenüber. In einem Lied von Monika Hollmann heißt es: *„Sehe ich liebend meine Schatten an, kann ich auch die Kraft finden, sie zu wandeln. Nehme ich sie im tiefen Frieden an, kann ich wieder mehr in Liebe handeln.“*

Dazu erhielt ich von Erzengel Gabriel eine schöne Botschaft:

Wir begrüßen euch aus dem höchsten Licht des Lichts und möchten euch als Allererstes sagen, wie sehr wie euch bewundern und lieben. Es ist ein Wunder, was ihr alle auf der Erde vollbringt. Wie ihr dabei seid, alte Strukturen abzuschütteln, Gefängnisse, in denen die Menschheit noch steckt, zu öffnen und rauszuströmen in großen Massen. Es ist ein Wunder, wie viele Menschen bereit sind, ihr menschliches Leben zu lassen für die Freiheit, die auf der Erde einen festen Platz haben möchte. Für die Göttin der Liebe, die ihre Ströme verstärkt zu der Erde und zu den Menschen transportiert.

Noch ist viel Dunkelheit auf der Erde vorhanden, und die Dunkelheit will das Licht nicht. Aber wir möchten euch mitteilen, dass alles seine Berechtigung hat, und auch wenn ihr es vielleicht schwer annehmen könnt, gibt es Wesen, die sich in der Polarität für die Dunkelheit entschieden haben. Ebenso wie es Wesen gibt, die für das Licht sind, und jeder Mensch darf sich entscheiden, welchen Weg er ausprobieren möchte und welche Erfahrungen ihm am besten dienen. So bewertet nicht diejenigen, die einen anderen Weg eingeschlagen haben wie ihr. Auch ihr selbst wart vielleicht in anderen Inkarnationen auf dem Weg der Schatten unterwegs und durftet Erfahrungen sammeln, und nun habt ihr euch entschlossen, den Weg des Lichts zu gehen, um auf diesem Weg neuen Erkenntnissen und Herausforderungen zu begegnen.

In der Polarität gibt es Hell und Dunkel, Licht und Schatten, Gut und Böse, hier und dort. Jedoch, wenn ihr beginnt, freier zu denken, stellt ihr fest, dass es nicht ein Entweder-oder gibt, also entweder Licht oder Schatten, sondern ein SOWOHL als AUCH, sowohl Schatten, als auch Licht. In diesem Denken herrscht Frieden, und im Frieden seid ihr fähig, beides anzuerkennen, was nicht bedeutet, dass ihr so manche Tat auf der Erde gutheißt. Es heißt lediglich aufzuhören, gegen etwas anzukämpfen, was nicht in eurer Macht liegt. In eurer Macht liegt ihr selbst, hier könnt ihr das Licht entwickeln und aussteigen aus Schattengedanken, aus dem, was euch vom Licht trennt, denn ihr werdet feststellen, wenn ihr sehr bewusst mit euren Gedanken umgeht, dass ihr auch einige sogenannte ungute Gedanken im Laufe eines Tages hegt.

Nun gibt es viele Menschen auf der Erde, die diese Gedanken ausleben, und es gibt Menschen, die solche Gedanken in sich hegen, diese aber nicht in die Tat umsetzen. Legt ihr nun beides in eine Waagschale, was kommt dabei heraus? Was ist besser, was ist schlechter? Überlegt es euch einmal! Beispielsweise wenn ihr einen Menschen negativ beurteilt. Gott fällt kein Urteil über euch, Gott ist reine Liebe, und in seinen Augen seid ihr Kinder, die auf einem Weg sind und gelegentlich einmal stolpern, hinfallen und wieder aufstehen. Und die weitergehen, ein Leben nach dem anderen ausprobieren, die sich selbst erkennen und selbst spüren: Was kann ich, wozu bin ich in der Lage, wo sind meine Grenzen, und was will ich leben? Für all das empfindet Gott Liebe, und wenn eins seiner Kinder fällt, spürt Gott unendliche Liebe. Geht genauso, wie Gott mit euch umgeht, mit euch selbst um. Wenn ihr fallt und schwere Gedanken hegt, habt Mitgefühl mit euch und steht wieder auf. Wendet euch dem zu, wohin es euer Herz zieht, euer Herz ist der Wegweiser. Geht mehr in die Stille, in die Meditation und ins Gebet. In der immer lauter werdenden Welt wird es zunehmend schwie-

riger, die Stimme des Herzens zu hören, denn viel Ablenkung und Beschäftigt-Sein durchdringen euren Alltag. Und so möchte ich euch jetzt einladen, mit mir still zu werden und die Liebe Gottes zu fühlen."

☆☆☆

Wie erkennen wir, ob eine höhere spirituelle Präsenz im Channel-Raum anwesend ist?

Die Engel und Aufgestiegenen Meister strahlen immer eine liebevolle, positive und aufbauende Energie aus. Sie haben stets das Gemeinwohl im Blick und achten darauf, niemandem zu schaden. Höhere Wesen machen uns keine Angst, es bleibt am Ende immer ein Gefühl von Wohlsein, Frieden, Freude und Liebe. Es ist stets eine angenehme erhebende Erfahrung, wir fühlen uns wohl in dem Kontakt. Sind wir hellsichtig, können wir besonders auf das innere Licht eines Wesens achten. Sogenannte gefallene Engel oder Wesenheiten in der Astralwelt können das starke innere Licht, das von einem Erzengel oder Aufgestiegenen Meister ausgeht, nicht nachahmen oder lange halten. Fordern wir sie auf, ihr Licht zu zeigen und sie können das nicht, gehen sie von ganz allein. Hilfreich ist es, auf alle Sinne zu achten, dazu gehört auch das Hellfühlen – wie weiter oben beschrieben fühlen wir die Energie eines Wesens. Über das Hellhören hören wir die Botschaften und können diese auf ihren Inhalt überprüfen. Mit der Fähigkeit des Hellwissens wissen wir einfach, ob es ein höheres Wesen ist oder nicht.

☆☆☆

Die höheren Chakren

Da wir unseren Channel-Raum im 8. Chakra erschaffen, sind Kenntnisse über die Chakren hilfreich. Die sieben Chakren vom Wurzel- bis zum Kronenchakra sind den meisten Menschen hinreichend vertraut, und es gibt genügend Literatur darüber. Nicht so bekannt sind die höheren Chakren. Die Informationen dazu sind überwiegend meine Wahrnehmungen, entstanden in einer Meditation mit dem jeweiligen Chakra.

Für das Channeln ist es hilfreich, in ein höheres Chakra zu gehen, weil sich dadurch automatisch unsere Schwingung anhebt und wir aus der irdischen Dichte heraustreten. Wichtig ist es immer, egal, wie weit wir hinaufgehen, uns gut mit der Liebe und dem Herzen von Mutter Erde zu verbinden und gleichzeitig die eigenen Fußchakren zu fühlen. Am Anfang würde ich nicht empfehlen, weiter hinaufzugehen, da die Gefahr besteht, sich in den höheren Welten zu verlieren. Zudem ist das 8. Chakra noch deutlicher mit der Materie verbunden, und es fällt uns leichter, uns zu konzentrieren.

8. Chakra

Es befindet sich etwa 40 cm über dem Kopf und sieht aus wie eine wunderschöne, goldglänzende Kugel, die zu allen Seiten hin strahlt. In der Kugel ist das Symbol der Merkaba sichtbar, und sind wir dafür offen, können wir Buddha begegnen.

Das 8. Chakra ist das Tor zum göttlichen Bewusstsein und die Anbindung an die Quelle allen Seins. In der Kugel vereinen sich die Urkraft der Erde und des Himmels. Energetisch sind im 8. Chakra sehr viel Frieden und Ruhe spürbar, ein

Geschehen-Lassen, ohne etwas zu wollen oder zu müssen. Denn alles befindet sich in der göttlichen Ordnung. Eine starke Lichtkraft mit einer goldenen Heilenergie durchflutet unseren Körper.

9. Chakra

Das 9. Chakra hebt uns in ein höheres Bewusstsein mit einer starken Anbindung an das kosmische Wissen. Wir erleben im 9. Chakra, wie die Erdenschwere abnimmt und durch eine starke Lichtpräsenz die Energie in Fluss kommt. Es fühlt sich magisch an, wie ein Wunder.
Im 9. Chakra können wir Jesus/Lord Sananda begegnen.

10. Chakra

Im 10. Chakra ist ein starkes, weißes, kosmisches Licht wahrnehmbar, das mit rosafarbenen Farbstrahlen durchzogen ist. Die Energie der bedingungslosen Liebe und des Christusbewusstseins ist fühlbar. Es taucht das Bild einer großen Christussonne auf, mit Milliarden von Strahlen. Jeder Strahl ist mit dem göttlichen Funken in allen Wesen – egal, ob Mensch, Pflanze oder Tier – verbunden.
Die Christussonne nährt den göttlichen Funken in den Wesen mit Energie und Liebe. Durch die Liebe, die die größte Heilkraft in sich trägt, finden wir in diesem Chakra starke Heilenergien.

11. Chakra

Im 11. Chakra fühlt es sich schon viel freier an, die Erdenschwere hat deutlich abgenommen. Ich finde hier die Verbindung zu meiner Ur-Seele und kann die Seelenkraft meiner Seele stärken, somit auch leichter meinen Seelenweg auf Erden gehen. In der Meditation mit dem 11. Chakra finden wir das reine Sein, das sehr hell strahlt und unsere Essenz beinhaltet, aber auch jede Zelle durchdringt

12. Chakra

Im 12. Chakra treten wir sozusagen aus der Materie heraus und bewegen uns frei im Universum. Es wird deutlich, wie die Quelle uns nährt und die Seele verbunden ist mit dem Ursprung des Lichts. Wir haben Zugang zum universellen Wissen und sind nicht mehr so stark mit den kollektiven Gedankenenergien der Erde verhaftet.

Da es sich im 12. Chakra schon sehr leicht und körperlos anfühlt, kann es Menschen, die sich gerne in oberen Dimensionen aufhalten, schwerfallen, wieder zurückzukommen. Hinzu kommt, dass unser Verstand in der höheren Ebene nicht mehr so aktiv ist und uns nicht unbedingt Bescheid gibt, wann es Zeit ist, umzukehren.

Mir selbst ist es während der Meditation so ergangen, es gab keinen Impuls mehr in mir, zurückzukehren, bis mich zwei Engel wieder zurück in meinen Körper bringen mussten. In früheren Situationen war ich nach Meditationen im 12. Chakren stundenlang nicht mehr geerdet, was sich auf Dauer recht unangenehm anfühlt. Deswegen würde ich nur den Menschen eine Meditation mit dem 12. Chakra empfehlen, die sich gut mit Energien auskennen und über eine sehr gute Anbindung an Mutter Erde verfügen.

☆☆☆

Erstkontakt zur geistigen Führung

Nun endlich ist es so weit, wir sind jetzt schon recht gut vorbereitet, um den Channel-Raum zu erschaffen und den persönlichen Geistführer kennenzulernen. Hier möchte ich nochmal daran erinnern, dass für einen klaren Kanal Reinigung und Schwingungserhöhung vonnöten sind. Das geschieht, indem wir uns mit der Liebe verbinden, mit Räucherwerk, wie weiter oben beschrieben, arbeiten, Kristalle mit einbeziehen und eine absichtslose Haltung einnehmen. Zum Channeln brauchen wir keinen tiefen meditativen Zustand, eher eine entspannte, leichte Trance. Um in eine leichte Trance zu gelangen, ist eine Atemübung aus dem Yoga hilfreich. Sie geht so: Beim Einatmen langsam bis vier zählen, die Luft anhalten und bis vier zählen, und beim Ausatmen ebenfalls langsam bis vier zählen.

In der tiefen Meditation besteht die Gefahr, abzudriften und sich in den Gedanken zu verlieren. Allerdings erhielt ich so manche tiefe Botschaft, als ich nach dem Abschweifen meiner Gedanken ins Hier und Jetzt zurückkam. Denn mein Geist war währenddessen frei und nicht auf ein Ergebnis orientiert. Es kam die Kraft der Absichtslosigkeit zum Tragen.

Für den Lichtaufbau zum Channeln lässt sich zuvor die Lichtatmung verwenden. Während wir ins 8. Chakra hinaufsteigen, stellen wir uns vor, wie in dem jeweiligen Chakra ein helles Licht angeht. Wir dehnen unser Licht von Chakra zu Chakra mehr und mehr aus und bleiben dadurch besser im Körper, als wenn wir einfach so die Chakren hochgehen. Wie weiter oben beschrieben, ist es sehr wichtig, nicht aus dem Körper herauszugehen.

Bei dem Erstkontakt besteht die Möglichkeit, nach dem Namen des Geistführers zu fragen, später natürlich ebenso. Einen Namen zu erhalten, damit tun sich manche Menschen schwer. Manchmal sind Geistführer bekannte Aufgestiegene Meister oder Erzengel, und wir glauben, es nicht wert zu sein, solche Geistführer zu haben. Oder das Gegenteil ist der Fall: Jemand wünscht sich ein hohes Wesen und erhält einen Namen, der ihm nichts sagt. Tatsächlich haben viele Menschen höhere Geistführer, und die Geistige Welt sieht das auch nicht als etwas Besonderes an. Höher bedeutet lediglich, dass derjenige schon eine längere Wegstrecke hinter sich hat. Vor Gott sind wir alle gleich, da gibt es keine Wertung in Höher, Weiter oder Besser. Ich erhielt zunächst einen Namen, der mir nichts sagte und sich erst im Laufe der Zeit zu dem eigentlichen Namen veränderte.

Ist unser Gehirn es nicht gewohnt, Botschaften von anderen Ebenen zu erhalten, muss es sozusagen erst einmal umprogrammiert werden. Neue Vernetzungen werden geschaffen, je mehr wir üben. Informationen aus geistiger Sicht bestehen aus Energie, und unser Innerstes wandelt diese in Worte, Bilder, Vorstellungen, Farben oder sogar Melodien um, je nachdem, wozu wir am meisten Zugang haben. Erzengel Michael zeigt mir gerne kleine Filme, um etwas zu verdeutlichen.

Manchmal tut sich die Geistige Welt schwer, uns etwas zu übermitteln, weil entsprechende Regionen in unserem Gehirn nicht in der Lage sind, die Energien zum Beispiel in Worte umzuwandeln. Oder es gibt entsprechende Begriffe in unserem Vokabular nicht, die es am besten ausdrücken könnten. Aus diesem Grund bat ich am Anfang die Geistige Welt, mir Bilder zu zeigen.

Manchmal erhalten wir auch keinen Namen, weil es in sehr hohen Dimensionen keine Namen gibt, sondern eher Klang und Bewegung. Ferner besteht die Möglichkeit, sich den ersten Buchstaben des Namens zeigen zu lassen, dann den zweiten, den dritten usw. Teilweise sind die Buchstaben nicht in der richtigen Reihenfolge, und erst im Laufe einiger Tage oder Wochen wird ersichtlich, wie der eigentliche Name lautet. Erhalten wir keinen Namen, ist das auch kein Problem, wir bitten einfach unsere persönliche geistige Führung, zu kommen.

Für den nachfolgenden Text, der doch etwas umfangreich ist, ist es vielleicht hilfreich, ihn auf Band zu sprechen oder ihn sich von einer Person des Vertrauens vorlesen zu lassen. Mit der Zeit kennen wir die Öffnungsformel und den Weg zum Channel-Raum auswendig und können die Übung selbstständig durchführen.

☆☆☆

Übung: Wir erschaffen den Channel-Raum

1. Atme mehrmals tief ein und aus und entspanne deinen Körper. Lass dich ganz tief in deinem Körper nieder und sinke in eine leichte Trance.
2. Spüre deine Fußchakren und nimm dir vor, ganz im Körper zu bleiben.
3. Sprich innerlich oder laut die Öffnungsformel und fühle sie so tief wie möglich: **„Ich öffne mein Herz für die Liebe und gehe in mein reines Sein, ich schließe mich an an das göttliche Licht und an die Liebe von Mutter Erde."** Warte, bis sich die Energie aufgebaut hat und du das Licht um dich herum wahrnimmst, du kannst es dir auch vorstellen.
4. Beginne nun, im ersten Chakra Licht zu visualisieren, dann im zweiten, dritten usw. Dehne durch die Chakren das Licht weiter aus und gehe in dem Licht hinauf bis zum 8. Chakra.
5. Erschaffe dir im 8. Chakra einen Channel-Raum, das kann ein gemütliches Wohnzimmer sein, eine Hütte, ein Schlösschen, eine kleine Kathedrale oder was deinen Vorstellungen entspringt. Es sollte jedoch ein geschlossener Raum sein.
6. Steht der Raum, dann bitte Erzengel Michael zu kommen und teile ihm deinen Wunsch mit, einen dauerhaften Schutz um den Channel-Raum zu legen. Beobachte diesen Prozess, dafür kannst du dein Drittes Auge bitten, sich zu öffnen und dir die Bilder zu zeigen.
7. Ist der Schutz aufgebaut, dann öffne die Tür und betritt den Channel-Raum. Sieh dich hier erst einmal um. Vielleicht möchtest du noch Vorkehrungen treffen für eine angenehme Atmosphäre, in der du dich wohlfühlen kannst.
8. Bitte nun deinen geistigen Begleiter, zu erscheinen. Hattest du zuvor noch nie Kontakt, ist das ein heiliger Moment. Es

kann ein Wesen sein oder mehrere, ein Engel, eine Lichterscheinung in einer Farbe oder in verschiedenen Farben. Ein Aufgestiegener Meister zeigt sich auch gelegentlich in menschlicher Form und die Engel so, wie wir uns einen Engel vorstellen.

9. Öffne nun deine Sinne und spüre hinein, wie es dir mit der Energie geht. Fühlst du dich wohl mit dem Kontakt? Wird es weit in dir? Und warm? Was sagt dein Herz? Bitte auf jeden Fall die Wesenheit, ihr Licht zu zeigen. Das kann mehrmals wiederholt werden. Kannst du kein Licht sehen, weil du (noch) nicht hellsichtig bist, dann höre auf dein Gefühl. Bitte die Wesenheit freundlich, aber energisch, zu gehen, wenn du ein ungutes Gefühl hast. Danach kann durchaus dein Geistführer sichtbar werden.
10. Wenn alles passt, dann frage nach seinem Namen. Erhältst du keine Antwort, lass dir den ersten Buchstaben zeigen. Vielleicht ist es selbst dafür noch nicht an der Zeit, dann genieße einfach das Beisammensein.
11. Wenn du möchtest, stell noch eine Frage. Öffne nun alle deine Sinne für eine mögliche Antwort (fühlen, hören, sehen, riechen oder schmecken), aber bleib auch in der absichtslosen Haltung.
12. Hast du genug erfahren, verabschiede und bedanke dich bei dem Geistführer und gehe wieder aus dem Raum hinaus. Schließe ganz bewusst die Tür und steige, beginnend im 8. Chakra, durch den Kanal im göttlichen Licht die Chakren bis zum 1. Chakra wieder hinunter.

☆☆☆

Anleitung zum Channeling nach dem Erstkontakt

Nachdem nun erfolgreich der Erstkontakt hergestellt wurde, bist du jetzt für weitere Sitzungen mit dem geistigen Helfer bereit. Suche dir nach Möglichkeit einen Raum in deiner Wohnung oder in deinem Haus, in dem du in Zukunft ungestört channeln kannst. Vielleicht ein Ort, an dem du ohnehin meditierst, dadurch befindet sich in dem Raum eine kontemplative Energie, und dein Unterbewusstsein weiß stets, was folgt.

Zünde dir nach Gefühl etwas Räucherwerk an (zum Beispiel die Neun-Pflanzenmischung). Es hilft deinem Geist, sich zu öffnen und zu beruhigen. Manche Pflanzen sind auch in der Lage, das Bewusstsein zu erweitern, zum Beispiel weißer Salbei in einer sehr guten Qualität. Für eine verbesserte Konzentration nimm einen klaren Bergkristall in die Hand und bitte sowohl die Pflanzenwesen als auch die Kristallwesen, dich während des Channelings zu unterstützen.

Manche Menschen channeln auch gerne, wenn leise Meditationsmusik im Hintergrund läuft. Das alles sind lediglich Optionen, selbstverständlich kannst du es dir so einrichten, wie es sich für dich gut und stimmig anfühlt. Bist du eher jemand, der auf der sicheren Seite sein möchte, dann bitte deinen Schutzengel und Erzengel Michael, einen Schutz um dich zu legen. Lege dir etwas zum Schreiben bereit oder benutze ein Diktiergerät.

1. Sprich innerlich oder laut die Öffnungsformel: **„Ich öffne mein Herz für die Liebe und gehe in mein reines Sein. Ich schließe mich an an das göttliche Licht und an die Liebe von Mutter Erde.“** Versuche, so tief wie möglich die Liebe zu fühlen und warte einen Moment, bis die Energie durch deinen Kanal zum Fließen kommt.
2. Spüre deine Fußchakren und nimm dir vor, ganz im Körper zu bleiben.
3. Stell dir nun vor, wie die Lichtenergie durch deinen Körper sowie durch deine Chakren strömt, und unterstütze diesen Prozess mit der Konzentration auf die Atmung.
4. Sinke nun in eine leichte Trance.
5. Beginne nun im ersten Chakra Licht zu visualisieren, dann im zweiten, dritten usw. Dehne durch die Chakren das Licht weiter aus und gehe in dem Licht hinauf bis zum 8. Chakra.
6. Öffne die Tür zum Channelraum und bitte die geistige Führung, zu erscheinen.
7. Spüre nun in dich, wie es dir mit der Energie geht. Fühlst du dich wohl mit dem Kontakt oder bedrängt? Wird es weit in dir oder eng? Was sagt dein Herz?
8. Sprich: **„Zeige mir dein Licht!“** Das kann mehrmals wiederholt werden. Wesen, die nicht so viel Licht in sich tragen, gehen dann, und der eigene Geistführer wird sicht- oder fühlbar. Ist kein Licht wahrnehmbar, gib energisch, aber freundlich die Anweisung: **„Entferne dich aus dem Channel-Raum!“**
9. Wenn alles passt und du dich wohlfühlst mit dem Kontakt, kannst du Fragen stellen oder Bitten an die geistige Führung richten.
10. Bedanke und verabschiede dich am Schluss und schließe ganz bewusst die Tür zum Channel-Raum. Steige durch den

Kanal im göttlichen Licht die Chakren bis zum 1. Chakra wieder hinunter.

Nützliche Tipps zum Channeln:

- Sprich einfach los, denke nicht nach. Im Redefluss schaltet sich der Verstand irgendwann aus, und es können Übermittlungen aus anderen Ebenen einfließen. Probiere aus, was für dich am geeignetsten ist. Empfängst du vor allem Bilder, dann lehne dich zurück und erlaube dem Bild, in dir eine Form anzunehmen.
- Schreibe möglichst sofort alles auf, was du an Infos erhalten hast, oder nimm es mit einem Diktiergerät auf. Ich bin meistens nach dem Abhören des Bandes sehr erstaunt, was ich empfangen habe, und kann mich in der Regel an viele Details nicht mehr erinnern. Es kann zudem sehr interessant sein, Durchgaben Monate oder sogar Jahre später zu lesen.
- Im Laufe der Zeit und mit der Erhöhung der Schwingungsfrequenz gewinnst du an Sicherheit, stets deine persönliche Führung im Channel-Raum anzutreffen. Dann sind die Vorsichtsmaßnahmen nicht mehr nötig. Dennoch dürfen wir es im Hinterkopf behalten, immer die Durchgaben auf ihre Stimmigkeit zu überprüfen.
- Gibt es einen (menschlichen) Begleiter, der dich in den Channel-Raum führt, kann dieser alles mitschreiben. Weiter hinten gibt es eine Anleitung für den Begleiter.

☆☆☆

Was kannst du tun, wenn du dich nach dem Channeling wie weggetreten fühlst?

Es kann sehr gut sein, dass wir nach einem Channeling nicht gut geerdet sind und uns wie abgehoben fühlen. Das sollte normalerweise nicht geschehen, wenn wir es beherzigen, stets im Körper zu bleiben und unsere Fußchakren zu spüren. Und es wird auch nicht passieren, wenn wir es uns vornehmen. Dennoch möchte ich darauf eingehen, weil Menschen, die ohnehin eine Neigung haben, in höhere Dimensionen abzudriften, durch die erhöhte Schwingung unter Umständen teilweise ihren Körper verlassen. Warum ist das so? Indem wir ins 8. Chakra gehen, gelangen wir in ein erweitertes Bewusstsein, wo viel Frieden und Liebe spürbar sind, und je nachdem, wie wohl wir uns damit fühlen, kann es schon mal Schwierigkeiten bereiten, ganz im Körper zu bleiben. Selbstverständlich sind wir immer mit dem Körper verbunden, nur fühlt es sich nicht unbedingt gut an, wenn wir nicht richtig im Körper verankert sind. Ist das dauerhaft so, kann es schon mal Probleme bereiten, den Alltag zu meistern. Wir sind schlichtweg nicht präsent im Hier und Jetzt. Deswegen stelle ich hier verschiedene Möglichkeiten vor, wie wir uns in solchen Fällen behelfen können.

- Es kann sein, dass du die Verbindung zum Geistführer nicht richtig getrennt hast, dann gehe noch einmal zu dem Channel-Raum zurück und schließe bewusst die Tür. Oder gehe in den Channel-Raum zum Geistführer, verabschiede dich und bitte um den Rückzug seiner Energie.
- Oder du bist noch sehr in einer hohen Schwingung und nicht geerdet, dann bewege dich, schreite durch den Raum und trinke ein Glas Wasser. Nach meiner Erfahrung erden

wir uns am besten, indem wir alltägliche Dinge tun, zum Beispiel Abwaschen, Wäsche aufhängen, Putzen usw. Autofahren nach Möglichkeit erst wieder, wenn du ganz da bist; manchmal sehen wir nach einem Channeling etwas verschwommen.

- Die Erdverbundenheit wird zudem verbessert durch einen Gang in die Natur, barfuß durchs Gras laufen, Gartenarbeit, schwimmen gehen, Radfahren usw.
- Des Weiteren stell dir den Körper wie eine leere Vase vor, und der Geist schwebt obendrüber. Nun visualisiere, wie der Geist beginnt, ganz langsam wieder in die Vase einzufließen und diese bis ganz nach unten ausfüllt. So, als wenn ein Film rückwärts abgespielt wird, in dem eine Flüssigkeit in eine Flasche zurückläuft.
- Stell dir vor, wie mit Hilfe der Ausatmung der Geist/die Energie durch den Körper bis nach unten in die Füße gelenkt wird.
- Durch den Schwingungsabfall ist uns nach einem Channeling häufig kalt, dann wärme dich zum Beispiel mit Jacken und/oder Decken auf.
- Geschieht es öfter, dass du dich nach dem Channeling wie abgehoben fühlst, wäre es sinnvoll, deinen Schutzengel zu bitten, während des Channelns auf deinen Körper aufzupassen, damit sich keine fremden Energien einschleichen können.

☆☆☆

Welche Fragen können wir den geistigen Helfern stellen?

Es lässt sich jede Art von Fragen an die geistige Führung stellen, sowohl persönlichen Inhalts, als auch allgemeiner Art. Die Antworten können sehr unterschiedlich ausfallen, manchmal erhalten wir keine spezielle Antwort, eher ein beruhigendes Gefühl mit der Gewissheit der göttlichen Ordnung in Allem-was-ist. Oder wir fühlen im Alltag einen Unterschied in unserem Befinden, werden zu bestimmten Büchern, in Situationen oder zu Menschen geführt. Alles ist möglich, jedoch geschieht manches sehr subtil, und wir benötigen eine hohe Sensitivität, um die Führung darin zu erkennen. Nicht immer wird es den geistigen Helfern zugeschrieben, was schade ist, die Geistige Welt in ihrem Tun aber nicht beeinflusst. Höhere geistige Wesen dienen uns ebenso auf vollkommene Weise wie Engel.

Als ich mit einer speziellen Frage an meinen geistigen Führer herantrat, zu dem er mir keine Antwort geben konnte, weil es nicht sein Wissensbereich war, spürte ich nach dem Channeling eine innere Ruhe, und interessanterweise wusste ich genau, was ich zu tun hatte. Ich fuhr den PC hoch und formulierte meine Frage in einem Portal in einer Form, die mir zuvor nicht eingefallen war. Und tatsächlich erhielt ich die richtige Antwort für mein Anliegen. Meine Geistführer hatten mir zu innerer Ruhe und Klarheit verholfen, wodurch ich handlungsfähig wurde. Sie schulen dadurch unsere Fähigkeit, in unsere eigene Meisterschaft zu gelangen. Wir werden zunehmend kompetent, uns unsere Fragen selbstständig zu beantworten. Finden wir selbst die Antwort in der Tiefe unseres Seins, hat das eine besondere Wirkung, denn das Gefühl ist integriert, was jedes Thema verstärkt.

Die Geistige Welt führt uns auch gerne durch Übungen und Meditationen zu neuen Erkenntnissen über uns und unser Leben. Wir erhalten neue Sichtweisen, die uns weiterhelfen, und so manches Problem löst sich von allein. Darüber hinaus sind wir im meditativem Erleben viel offener für mögliche Ergebnisse. Vor drei Jahren zog ich in ein Haus mit mehreren Wohnungen. Eine Familie mit zwei Kindern wohnte direkt neben mir. Die Frau war nicht nur in dem Wohnhaus, ebenso auch in der ganzen Wohngegend extrem unbeliebt, weil sie sehr laut war und viel herumschrie. Die meisten Menschen hatten schon unliebsame Erfahrungen mit ihr gemacht. Selbst ich spürte ihre starke Überforderung und ihren Stress.

„Die Frau bringt eure Aggressionen nach außen," erklärte mir die Geistige Welt. *„Ihr selbst verschluckt alles, und es staut sich in euch an. Sie ist das Fass, das überläuft und die Energie freisetzt, die sich bei ihr, aber eben auch bei euch, angestaut hat. Dürftet ihr eure Wutenergie auf konstruktive Weise freisetzen, ohne jemanden zu verletzen, müsste sie es nicht für euch erledigen."*

Hier zeigt sich wieder einmal, wie stark wir alle miteinander verbunden sind und uns auch gegenseitig dienen. Mit dieser ganz neuen Sichtweise konnte ich der Dame anders begegnen.

Sehr gerne stellen spirituelle Menschen die Frage nach dem eigenen Seelenplan und der Lebensaufgabe. Erzengel Michael übermittelte mir dazu Folgendes:

In unserem Energiefeld haben wir Verdichtungen, diese nehmen wir besonders auf einer höheren Ebene als ätherische Wesen in der Körperlosigkeit wahr. Die Verdichtungen lassen uns in der höheren Schwingungsebene schwer erscheinen, und wir wünschen uns, leichter und lichter zu werden. Damit das geschehen kann, inkarnieren wir auf die Erde und ziehen Menschen in unser Schwingungsfeld, die ähnliche Verdichtungen haben. Dadurch komprimieren sich unsere Verdichtungen, was dazu dient, diese besser wahrzunehmen. Wir suchen uns Eltern, Geschwister und Verwandte aus, die unsere Verdichtungen noch stärker hervortreten lassen.

Wörtlich sagte Michael: *„Durch die Herausforderungen, die ihr mit anderen Wesen habt, nehmen die dichten Energien zu und erhalten noch mehr Sprengkraft, dadurch kommt ihr nicht mehr daran vorbei, was meistens zu einer Bearbeitung des Themas beiträgt.“*

Mit einigen von unseren Verwandten, die häufig zu unserer Seelenfamilie gehören, haben wir vor unserer Inkarnation einen Seelenvertrag abgeschlossen, um Verdichtungen zu lösen.

Selbstverständlich dienen wir uns immer auch gegenseitig, denn die Menschen, mit denen wir Probleme haben, tragen ähnliche Verdichtungen in ihrem Erdenkleid. Der Sohn einer Freundin ist ein inkarnierter Engel, und meine Freundin hatte, als er noch klein war, besonders starke Probleme. Nach der Geburt seines Bruders reagierte er sehr eifersüchtig und tat alles, um die Aufmerksamkeit seiner Mutter zu erlangen. Leider häufig auf negative Weise, nach dem Motto – lieber negative Aufmerksamkeit als keine. Immer wieder brachte er meine

Freundin so an ihre Grenzen, bis sie ausrastete. Da sie sich dann sehr schlecht fühlte, begab sie sich in eine Therapie. Heute sagt sie, ihr Sohn habe sie auf den Weg geführt. Laut Erzengel Michael stellen sich häufig inkarnierte Engel dafür zur Verfügung, um der betreffenden Person auf dem Weg zu verhelfen, ihre Verdichtungen zu lösen. Können wir es aus dem Blickwinkel betrachten, uns gegenseitig zu dienen, um leichter und lichter zu werden, macht die ganze Sache mehr Sinn und so manche Situation ist besser zu ertragen.

Da mich das Thema mit dem Seelenplan zu interessieren begann, stellte ich weitere Fragen an Erzengel Michael.

Frage an Michael:
„Sind wir nur auf der Erde, um Verdichtungen zu wandeln?"

Michael:
„Auf dem Weg der Erlösung zeigt sich zunehmend euer wahres Wesen, euer inneres Licht wird heller, und eure Talente treten zutage. Die meisten Gaben bringt ihr schon mit, und ist euer Erdenkleid von Licht erfüllt, zeigen sie sich, wenn es für euch an der Zeit ist, sie zu leben. Damit bereichert und durchlichtet ihr nicht nur euch selbst, sondern ebenso das Umfeld, in dem ihr euch befindet. So konzentriert euch auf die guten Seiten in euch, auf das Schöne und die Göttlichkeit, und vertraut darauf, bei schmerzhaften Prozessen stets die Unterstützung von der geistigen Ebene zu haben.

Und wir möchten euch sagen: Hört auf zu kämpfen, je leichter ihr durch schmerzvolle Themen gleitet, je mehr Frieden ihr in einem Prozess findet, umso leichter wird es für euch, hindurchzugehen. Lasst die Dinge geschehen, nehmt sie in Frieden und

Freude an und seid gewiss, dass ihr irgendwann auf der anderen Seite des Lichts ankommt und große Freude da ist, weil viele eurer Verdichtungen im Energiefeld weniger geworden sind. Und dass all das geschehen durfte, was euch vielleicht geschmerzt hat, was euch aber auch dient.

Und so geht der Kreislauf immer weiter; ihr steigt nach dem Verlassen des Körpers in die höhere Dimension auf, und irgendwann, wenn es nötig ist, begebt ihr euch wieder in die dichtere Schwingungsenergie eines Planeten, löst weitere Verdichtungen und steigt wieder auf. Dieses Spiel vollzieht sich so lange, bis es nichts mehr gibt, was in eurem Energiefeld Resonanzen anzieht. Das Energiefeld wird reiner und reiner, und eines Tages ist es nicht mehr nötig, zu inkarnieren, weil euer Feld so rein geworden ist, so klar, hell und licht, wodurch die Seele in die Quelle allen Seins zurückkehren darf und eine Einheit mit Gott bildet.

Durch die irdischen Inkarnationen beschleunigt sich dieser Prozess, denn ihr könnt in kürzeren Zeiträumen einige Verdichtungen lösen. Und so wünschen wir euch, die ihr jetzt einen Körper zur Verfügung habt, alle Situationen in eurem Leben in Liebe und mit einem offenem Herzen anzunehmen, in dem Bewusstsein, die Chance zu haben, viele Verdichtungen in einem Leben zu lösen. Und wir bedanken uns für eure Bereitschaft, uns zuzuhören und uns zu verstehen, wenn wir euch scheinbar in Krisenzeiten verlassen haben, was jedoch niemals der Fall ist. Wir lassen lediglich geschehen, was geschehen darf, und dennoch sind wir stets an eurer Seite. Wir lieben euch mit unserer ganzen Kraft und unserem ganzen Sein.

Euer Michael.“

Nach dem Channeling mit Michael fühlte ich Erleichterung, denn ich muss mich gar nicht irgendwohin entwickeln, sondern einfach das Leben leben und darauf vertrauen, dass alles zu mir kommt, was für meine Entwicklung wichtig ist. Alles, was mich ausmacht, war schon immer da, und wenn ich es zulasse, also mit dem im Reinen bin, was sich jetzt gerade zeigt und bearbeitet werden will, lösen sich die Verdichtungen von allein. Als Bild erhielt ich die Vorstellung eines Geschenkkartons. In dem Karton befanden sich immer kleiner werdende Kartons, und im letzten Karton lag ein wunderschöner Diamant. Gehe ich nun durch ein Thema, das sich vor mir auf meinem Weg manifestiert hat, fliegt ein Karton regelrecht weg.

Die Kartons sind ein Symbol für die verdichtete Materie in unserem Erdenkleid, es ist lediglich wichtig zu wissen, dass der Diamant schon immer da war und immer da sein wird, egal, in welchem Tempo die Kartons sich entfernen. Im Grunde genommen sind wir hier, um das Geschenk auszupacken, und dabei helfen uns das Leben und die Menschen. Die Engel sagten schon öfter: *„Ihr müsst gar nicht so viel tun, lasst einfach die Dinge geschehen."*

Geben wir uns dem Leben hin,
dient das Leben uns.

Frage an Erzengel Michael:

„Was ist mit den schlimmen Dingen auf der Erde, nehmen wir als Beispiel, ein Kind wird geschlagen."

Michael:

„Für die Durchlichtung dienen euch solche Szenarien folgendermaßen: Einerseits tragt ihr noch Verdichtungen in euch, die mit Gewalttätigkeit zu tun haben, dadurch habt ihr euch Eltern ausgesucht, die euch dieses spiegeln. Andererseits lebt ihr im günstigsten Fall mit euren eigenen zukünftigen Kindern mehr Friedfertigkeit ohne Gewalt und durchbrecht dadurch den Kreislauf. Auf diese Weise lösen sich eure Verdichtungen.

Es ist sehr hilfreich, wenn ihr Geschehnisse in eurem Leben aus dieser Sicht betrachtet, wodurch Frieden Menschen gegenüber entstehen kann, die euch Schlimmes angetan haben. Bleibt ihr nicht in der vorwurfsvollen Haltung, fällt es euch viel leichter, aus Geschehnissen etwas zu lernen und sie zu verändern. Das Festhalten an alten schmerzhaften Erlebnissen blockiert den Durchlichtungsprozess."

Frage:

„Wie sieht es mit neuen Verdichtungen aus?"

Michael:

„In dem Sinn gibt es keine neuen Verdichtungen, es ist etwas, was schon vorher da war und sich im irdischen Leben verstärkt zeigt. Es wird aufgedeckt, um Durchlichtung zu erfahren. Alle Themen, die ihr im Leben erfahrt, sind in irgendeiner Form schon in euch vorhanden. Manche Verdichtungen zeigen sich in diesem Leben, manche in anderen Inkarnationen. In der Tat können Verdichtungen auf der Erde sich noch mehr verdich-

ten, wenn sie nicht gelöst werden, beziehungsweise wenn die Verdichtung stark gelebt wird. Schlägt in unserem Beispiel das Kind als Erwachsener seine eigenen Kinder, nimmt er die Verdichtungen nach seinem Verlassen des Körpers wieder mit in die nächste Dimension. Aus diesem Grund sind die unteren Ebenen der höheren Dimensionen auch nicht frei von verdichteten Energien. Erst in den höheren Dimensionen gibt es weniger schwere Energien, und je höher ihr aufsteigt, desto lichter und leichter wird die Schwingung, und dichte Energien haben zunehmend weniger Zutritt."

Nach diesen Ausführungen von Erzengel Michael spürte ich sehr viel Ruhe und Frieden. Und das Vertrauen vertiefte sich in die Dinge, die so geschehen, wie sie nun einmal geschehen, um mir bestmöglich zu dienen. Meistens wird die Frage nach der Lebensaufgabe auch eher von Menschen gestellt, die im privaten oder beruflichen Bereich unzufrieden sind. Unsere Seele wünscht sich Frieden, und sie erinnert sich an die Liebe, aus der sie entstanden ist. Ist das Leben eines Menschen von Liebe und Frieden erfüllt, leidet dieser keinen Mangel, und die Frage nach der Lebensaufgabe erübrigt sich.

Besonders spirituelle Menschen erwarten häufig mehr Glück, Zufriedenheit und Wohlstand in ihrem Leben, wenn sie ihre Lebensaufgabe gefunden haben. Ähnlich verhält es sich mit der Suche nach dem Seelenpartner. Jedoch bleibt, selbst wenn beides im Leben vorhanden ist, immer ein Rest von Unsicherheit, ob das nun der richtige Partner und die richtige Lebensaufgabe ist. Wer kann uns das schon zufriedenstellend beantworten? Wir können uns nie wirklich auf dieses Leben einlassen, wenn wir stets auf der Suche sind. Denn wir suchen etwas in der Zukunft, etwas, was uns im Hier und Jetzt fehlt, womit wir den gegenwärtigen Augenblick verpassen. Alles, was wir haben, ist das Jetzt, dieser Augenblick. Alles andere ist Vergangenheit oder Zukunft. Und die Zukunft ist veränderbar durch den gegenwärtigen Augenblick, der geprägt ist durch unsere Gedanken, Gefühle und Handlungen. Der gegenwärtige Augenblick ist immer freundlicher als das, was wir uns für die Zukunft ausmalen. Legen wir unseren Fokus auf das Jetzt, geraten wir leicht in eine freundliche Grundstimmung.

Und können wir wirklich sicher sein, uns glücklicher zu fühlen, wenn wir den Seelenplan kennen? Wahrscheinlich würden wir den Plan unserer Seele mit dem Verstand interpretieren, allerdings ist oft etwas ganz anderes gemeint. Unter Umständen wären wir so stark darauf fokussiert, dass wir haarscharf daran vorbeileben.

Kürzlich führte ich mit einer Klientin eine Rückführung durch, die mit der Frage nach ihrer Lebensaufgabe kam. Sie hatte in einem früheren Leben Suizid begangen und fand sich nach dem Ableben des Körpers auf einer Ebene wieder, die nicht gerade sehr lichtvoll war. Jedoch war ein Lichtstrahl deutlich sichtbar, nur war sie nicht in der Lage, diesen zu sehen. Sie machte sich enorme Vorwürfe wegen des Suizids. In ihrem jetzigen Leben hatte sie es nicht leicht, und der Grund aus karmischer Sicht dafür war, dass sie sich selbst bestrafen wollte. Erzengel Michael übermittelte ihr, die Selbstbestrafung jetzt zu beenden und stattdessen Barmherzigkeit sich selbst gegenüber walten zu lassen. Ihre Aufgabe wäre es, sich für den Suizid selbst zu vergeben, und es wäre nun an der Zeit, ins Licht zu sehen. Darüber war sie nicht sehr erfreut, denn sie kam mit der Erwartung, eine besondere Aufgabe zu haben. Ich weiß nicht, ob sie jetzt bereit ist, dem Licht zu folgen und sich selbst gegenüber barmherzig zu sein. Erzengel Michael zeigte mir, dass, sobald diese Aufgabe erfüllt wäre, weitere Aufgaben auf sie zukommen würden.

Die Geistige Welt beobachtet unsere Entwicklung und überantwortet uns neue Aufträge. Aus diesem Grund gibt es wohl auch nicht die eine Lebensaufgabe, wohl eher mehrere. Finden können wir diese in dem, was uns Freude bereitet und uns leichtfällt, was uns interessiert und schon als Kind begeistert hat. Nahe an unserer Lebensaufgabe sind wir, wenn viel Leichtigkeit in unserem Leben ist, wir uns wie in einem Flow befinden und gut auf unser Herz hören können. Unser Herz zeigt uns immer den Weg.

Meistens finden wir auf der irdischen Ebene nicht die Liebe, nach der sich unsere Seele sehnt, aber je mehr wir selbst die Liebe zu unserem Lebensinhalt werden lassen, desto satter und zufriedener sind wir, und die Frage nach der Lebensaufgabe erübrigt sich. Eine zufriedene, glückliche Seele hat tatsächlich ein rundes, wohliges Aussehen.

Nicht zu vergessen: Es gibt in uns eine Instanz, die liebt. Eine höhere Kraft, und diese finden wir ausschließlich in der Gegenwart. Geben wir uns dieser Kraft hin, strahlt sie von innen nach außen und erfüllt uns mit einer Liebe, die unvorstellbar ist. Unser aller Aufgabe ist es, mit der liebenden Kraft in uns eins zu werden, damit sie durch uns wirken kann. In dieser Kraft gibt es nichts mehr zu tun, nur noch Geschehen-Lassen. Die Suche hat ein Ende.

Auch wenn sich so manche Fragen eigentlich erübrigt haben, möchte ich doch einige Fragen an die geistige Führung anbieten, die von meinen SeminarteilnehmerInnen am Anfang als hilfreich empfunden wurden.

Besonders wichtig finde ich es, stets nur für sich selbst zu fragen, oder aber wir haben die ausdrückliche Erlaubnis einer anderen Person. Es reicht meines Erachtens nach nicht, das lediglich auf der seelischen Ebene zu tun oder das Höhere Selbst einer anderen Person zu befragen. Es gibt eine energetische Haustür, die wir nicht einfach öffnen, ohne vorher zu fragen und hereingebeten zu werden. Uns sollte klar sein: Mit zunehmender Schwingungserhöhung wachsen unsere Fähigkeiten, aber ebenso auch unsere Verantwortung. Arbeiten wir mit einem Menschen ohne seine Erlaubnis, kann es schnell zu Manipulation führen, was wir schlussendlich auch karmisch zu tragen haben. Natürlich können wir die Befragung des Geistführers (auch der anderen Person) als Unterstützung jemandem anbieten, aber bitte mit persönlicher Zustimmung.

Mögliche Fragen an die geistigen Helfer

- Bist du weiblich oder männlich (hier ist die Energie gemeint)?
- Jung oder alt?
- Bist du schon länger bei mir?
- Kennst du mich aus anderen Inkarnationen?
- Kennen wir uns von der höheren Ebene?
- Bist du mein persönlicher Geistführer? (Verneint er/sie das, kann man fragen, wofür er/sie gekommen ist.)

- Hast du schon mal auf der Erde gelebt?
- Wer warst du auf der Erde?
- Was hast du auf der Erde getan?
- Wie ist dein Name? (Wenn kein Name kommt, dann frage danach, wie der erste Buchstabe lautet. Eventuell dann den zweiten, dritten usw.)
- Was kann ich tun, damit wir besser miteinander kommunizieren können?
- Wie unterstützt du mich in meinem Leben?
- Was kann ich tun, damit ich dich im Alltag deutlicher wahrnehmen kann?

Persönliche Fragen

- Worauf soll ich mich momentan oder in nächster Zeit konzentrieren?
- Was ist mein nächster Schritt?
- Warum habe ich die Situation angezogen?
- Was darf ich lernen aus der Beziehung zu (Name)?
- Welche sind meine Gaben und Talente?
- Welche sind meine Lernaufgaben?
- Wie bringe ich mehr Leichtigkeit in mein Leben?
- Oder mehr Fülle? Freude? Frieden?
- Warum habe ich diese Krankheit?
- Wie kann ich die Liebe leben?
- Warum bin ich auf der Erde? Warum gerade in dieser Zeit?

Weitere Fragen

- Haben wir einen freien Willen?
- Gibt es Gott?
- Gibt es die Engel?
- Gibt es ein Leben nach dem Tod?
- Was bedeutet der Aufstieg?
- Warum passiert so viel Gewalt auf der Erde?

Haben wir schon einen guten Kontakt zu unserem Geistführer, können wir folgende Übung machen: Wir stellen uns selbst eine Frage und beantworten sie ganz spontan. Danach gehen wir in den Channel-Raum und stellen dieselbe Frage dem Geistführer. Meistens kommt eine andere Antwort, die freundlicher und liebevoller ausfällt. Und der Geistführer wird wahrscheinlich seinen Fokus auf einen bestimmten Aspekt legen.

☆☆☆

Anleitung zum Channeling als Begleiter

Nun gibt es die Möglichkeit, sich eine Person des Vertrauens zu suchen, die uns durch den Text führt. In den Channel-Seminaren fanden die TeilnehmerInnen es sehr unterstützend, denn sie konnten sich besser auf die Wahrnehmungen konzentrieren. Der Begleiter kann alles mitschreiben, Zwischenfragen stellen und das Gespräch im Fluss halten. Vor dem Channeling schildern wir dem Begleiter die Situation oder teilen ihm die Frage mit, die uns auf dem Herzen liegt. Dadurch weiß er, worum es uns geht, und hat vielleicht während des Channelings Impulse für Fragen, die tiefer in das Thema führen und zur Klärung beitragen. Zwischen den einzelnen Anweisungen sollte genügend Zeit für Pausen eingeplant werden.

Als Begleiter den Text langsam vorlesen:

- Setze dich bequem hin, atme mehrmals tief ein und aus und entspanne deinen Körper. Beginne mit der Entspannung bei deinen Füßen und gehe dann hinauf bis zu deinem Kopf.
- Spüre deine Fußchakren und nimm dir vor, ganz im Körper zu bleiben.
- Sinke in eine leichte Trance.
- Sprich mir innerlich oder laut die Öffnungsformel nach: **„Ich öffne mein Herz für die Liebe und gehe in mein reines Sein. Ich schließe mich an das göttliche Licht an und an die Liebe von Mutter Erde.“**

Pause

- Beginne im ersten Chakra Licht zu visualisieren und dehne dieses Licht aus über das zweite, dritte, vierte, fünfte, sechste, siebte und bis zum achten Chakra.

  Pause

- Öffne die Tür zum Channel-Raum und bitte deine persönliche Führung, zu erscheinen.

  Pause

- Begrüße deinen Geistführer mit Namen (wenn vorhanden) und spüre, wie du dich in dem Kontakt fühlst.

  Pause

- Stell die Frage: „Zeige mir dein Licht oder entferne dich." Frage mindestens 3-mal."

  Pause

- Wenn alles passt, dann nenne als Begleiter dem Medium die Frage, die sie oder er dem Geistführer stellen möchte.
- Lass dem Medium viel Zeit und schreibe als Begleiter die Antworten auf, egal, was kommt, du kannst auch nachfragen, um Genaueres zu erfahren.
- Kommt nichts, dann führe als Begleiter mit dem Medium die Übung zum Öffnen des Halschakras durch: „Töne bitte das A oder das OM."
- Kommt weiterhin nichts, dann stell folgende Fragen:

„Wie fühlst du dich?“
„Siehst du Bilder oder Situationen? Beschreibe diese ganz genau.“
„Welche Gefühle tauchen auf?“
„Was spürst du körperlich?“
„Hörst du irgendetwas?“
„Beschreibe, was du wahrnimmst, so gut, wie es geht.“

Schreibe als Begleiter möglichst alle Informationen mit, egal, was kommt.

- Ist der Kontakt unterbrochen, weil sich die Schwingung reduziert hat, dann lade das Medium ein, in sein eigenes Herz zu gehen, die Liebe zu fühlen oder sich etwas besonders Schönes vorzustellen. Du kannst das Medium unterstützen, indem du selbst in dein Herz gehst und Licht visualisierst.
- Wenn das Medium genug hat, dann bitte es, sich zu bedanken, sich zu verabschieden und fordere es auf, ganz bewusst die Tür zum Channel-Raum zu schließen. Führe es nun durch den Kanal im göttlichen Licht vom 8. bis zum 1. Chakra zurück.

☆☆☆

Was ist, wenn der Kontakt (scheinbar) nicht klappt?

Die Geistige Welt antwortet immer. Funktioniert der Kontakt aus irgendeinem Grund nicht, kann das mehrere Gründe haben.

Zu eifriges Bemühen

Ein Grund, warum manche Menschen bei der geistigen Kommunikation blockiert sind, ist, dass sie sich zu angestrengt bemühen oder ein bestimmtes Ergebnis erwarten. Channeln hat sehr viel mit Hingabe und Geschehen-Lassen zu tun sowie mit einer absichtslosen Grundhaltung. Am besten funktioniert es, wenn wir das Thema, den Wunsch oder die Frage artikulieren, es/sie dann komplett freilassen und uns für alle möglichen Ergebnisse öffnen. Das können Erscheinungen, Bilder (auch ganze Filme), Übungen, Meditationen, Worte, Farben, Symbole, Melodien oder Gerüche sein. Und im ersten Moment kann auch nichts geschehen, denn die Antwort auf unsere Frage oder Bitte zeigt sich in einer anderen Form und zu einer anderen Zeit.

Alles ist in der höheren Ordnung und geschieht nach einem vollkommenen Plan. Machen wir uns das zu eigen, können wir uns in Ruhe zurücklehnen und der Dinge harren, die da kommen mögen. Ab und an benötigen wir schlichtweg Geduld, denn nicht alles passiert in dem Zeitrahmen, den wir am liebsten vorgeben würden. Selbstverständlich sollten wir für ein Channeling genügend Zeit einplanen, denn die Geistige Welt arbeitet nicht nach der Uhr, weil es schlichtweg in den höheren Dimensionen keine Zeit gibt.

Immer dürfen wir unserer geistigen Führung Vertrauen schenken. Sie weiß stets, was innerhalb unseres Seelenplans für uns richtig ist und zu welcher Zeit wir dafür bereit sind. Manchmal müssen wir sogar erst für ein bestimmtes Ereignis vorbereitet werden. Nehmen wir einmal an, eine Frau sucht einen Partner, sie befindet sich nun auf einer bestimmten Entwicklungsstufe und hat gewisse Vorstellungen von dem Mann, mit dem sie ihr Leben teilen möchte. Diesen Wunsch äußert sie ihrer geistigen Führung und lässt ihn dann los. Nun wartet sie geduldig, aber nichts passiert. Sicherlich gibt es den Mann schon, nur braucht es noch Zeit, bis er ihren Entwicklungsstand erreicht, sonst würde die Beziehung nicht funktionieren. Ebenso darf sie selbst noch an ihren Themen arbeiten. Erst wenn beide sich energetisch angeglichen haben, kommt die magnetische Anziehungskraft zum Einsatz, und sie treffen sich. In München lernte ich eine Frau kennen, die mit 72 Jahren ihren Traumpartner gefunden hatte. Nachdem ihr früherer Mann verstorben war, lebte sie zwölf Jahre allein und wusste intuitiv, dass das eine wertvolle Zeit der Vorbereitung für die neue Beziehung war.

Wünsche dürfen wir natürlich äußern. Die Frage, die sich mir dabei stellt: Ist das eigentlich nötig? Können wir nicht tatsächlich in der Gewissheit ruhen, dass ohnehin alles für uns bereitet wird? Ja, wenn wir ganz aus dem Herzen leben, ist das tatsächlich so, aber tun wir das stets? Häufig gibt es Teilbereiche in unserem Leben, in denen wir ganz klar aus dem Herzen und im tiefen Vertrauen sind. Und dann gibt es Bereiche, in denen unser Vertrauen irgendwann erschüttert wurde und wir es uns wieder Schritt für Schritt erarbeiten dürfen. War jemand lange arbeitslos, mit all den bedrückenden Erfahrungen und Gefühlen, wird dieser Mensch nicht so einfach im Vertrauen ruhen, den für seine Entwicklung besten Arbeitsplatz zu bekommen.

Was auch zu bedenken ist: Wir leben in der Materie, in der durchaus die Handlung gefragt ist. Der Arbeitssuchende kann noch so in der Liebe sein, dennoch muss er sich auf den Weg machen, um eine Arbeit zu manifestieren. Das Universum und die geistigen Begleiter können ihn darin unterstützen, jedoch die Handlung ist seine Angelegenheit. Würde uns das Universum alles liefern, was wir uns wünschen, würden wir wahrscheinlich jegliche Verantwortung abgeben. Der Sinn dieser Inkarnation ist unter anderem, in die Selbstkompetenz zu gelangen und die Verantwortung für uns zu übernehmen.

Sehr gute Erfahrungen habe ich damit gemacht, auf Impulse meines Inneren zu reagieren. Wir plagen uns mit einer Entscheidung herum, wägen alles ab und wissen schlichtweg trotzdem nicht, was zu welchem Zeitpunkt das Richtige ist. Unsere geistige Führung gibt uns auch keinen konkreten Tipp, und irgendwann taucht plötzlich wie aus dem Nichts die Gewissheit auf, wie zu handeln ist. Wir wissen in dem Moment einfach, was wir zu tun haben. Achten wir auf die Impulse unseres Inneren, geht alles viel leichter, und es fühlt sich auch stimmig an. Wahrscheinlich hat die Geistige Welt uns den Weg geebnet, uns die nötige Klarheit und Ruhe gegeben, und wir fühlen uns umgehend in der Lage, eine Entscheidung zu treffen.

Des Öfteren ging es mir mit diesem Buch so. Sagte mein vernunftorientierter Verstand, ich solle jetzt endlich mal wieder an dem Buch arbeiten, war ich eher blockiert und tat mich schwer, einen Text zu formulieren. Tauchte der Impuls aus meinem Inneren auf, strömten die Worte nur so aus mir heraus. Wird nicht sofort eine Entscheidung von uns verlangt, kann es helfen, den Zeitpunkt abzuwarten, wann der Impuls auftaucht. Meistens geht das sogar schneller, weil der Druck, etwas entscheiden zu müssen, nachgelassen hat.

Zu angestrengtes Bemühen beim Channeln entspringt oft der Angst, nicht gut genug zu sein, es nicht zu können, nicht wert und/oder nicht auserwählt zu sein.

Angst

Angst wird häufig geschürt durch Literatur, spirituelle Seminare und Menschen, die von dem Ganzen nichts halten. Es kann Angst auftauchen vor Astralwesen, negativen Energien, vor Besetzungen und Beeinflussungen. Was hilft, ist Aufklärung, korrektes Vorgehen und ein Leben, das ausgerichtet ist auf das Licht und die Liebe. Nochmal zur Erinnerung: Die Liebe ist unser allergrößter Schutz. Wie wir uns mehr und mehr der innewohnende Liebe zuwenden und diese in unser Leben integrieren, darüber habe ich einiges in meinem Engelbuch geschrieben: *Die Schule des Lebens von Gott – Gespräche mit den Seraphim.*

Kinder, die am ehesten mit der Geistigen Welt kommunizieren, können es deswegen ohne Vorurteile, weil sie keine Angst haben, es nicht hinterfragen und dadurch auch keine Angstwesen anziehen.

Die lichtvolle Geistige Welt gibt uns auch nicht unbedingt die Erlaubnis, mit ihr zu kommunizieren, wenn wir ängstlich sind, denn die geistigen Wesen wollen uns nicht erschrecken.

So ist unsere persönliche geistige Führung durchaus in der Lage, den Kanal zu verschließen. Beispielsweise hörte eine Klientin früher wunderschöne himmlische Melodien, sie konnte es sich jedoch nicht erklären, und ängstlich bat sie inständig um die Abstellung des Phänomens. Die Geistige Welt reagierte umgehend, und fortan hörte sie nichts mehr. Viele Jahre später, als schon viel mehr Informationen über solche Phänomene bekannt gworden waren, wünschte sie sich diese Fähigkeit zurück und war traurig, als es nicht mehr wie früher funktionierte. Bis heute ist es ihr nicht gelungen, diese Gabe zu reaktivieren.

Angst kann auch in anderen Inkarnationen entstanden sein, wenn wir für unsere außersinnlichen Fähigkeiten bestraft wurden. Zum Beispiel die Verfolgungen im Mittelalter, wo viele tausend Menschen verbrannt, erhängt, gefoltert und ausgeraubt wurden. Zeichen hierfür können sein:

- Wir fühlen uns angespannt und ängstlich, wenn wir an Hellsichtigkeit, Hellfühlen, Hellhören und Hellwissen denken.
- Befassen wir uns mit dem Thema Channeling, tritt ein unbestimmtes Gefühl der Angst und Unruhe auf.
- Hören oder lesen wir etwas über Verbrennungen auf dem Scheiterhaufen oder Erhängen, fühlen wir uns extrem unbehaglich, und der Körper reagiert mit kaltem Schauer, Schütteln und/oder Veränderung der Atmung inklusive innerer Anspannung. Ich gehe davon aus, dass sich so jemand nicht gerade für das Channeln-Lernen interessiert, oder aber derjenige/diejenige fühlt sich dazu besonders hingezogen, denn die Seele möchte die alte Wunde in diesem Leben heilen. Letztendlich hatten wir ja in anderen Leben außersinnliche Fähigkeiten und durften diese nicht zum Einsatz bringen.

Möglich sind auch Blockaden aus der Kindheit, die zu Ängsten führen:

- Ein Kind kann Dinge feinstofflich sehen oder hören, die es für ganz normal hält, während andere diese nicht so wahrnehmen. Wird es dafür gehänselt oder ausgelacht, fühlt es sich nicht richtig, spricht nicht mehr darüber und schneidet sich unter Umständen von der Gabe ab. Die außersinnliche Fähigkeit ist dann nicht verloren, sondern inaktiv.
- Ein Kind sieht etwas vorher, was dann eintrifft, und kann es nicht einordnen. Es entwickelt vielleicht sogar Schuldgefühle, die Situation mit verursacht zu haben.
- Ein Kind bemerkt die Fähigkeit, in der Realität tatsächlich etwas zu bewirken. Ein älterer Herr erzählte mir von einer Ohrfeige, die er als Junge von einem Nachbarbauer wegen eines Streichs erhalten hatte. Als Rache wünschte er sich, die Scheune des Nachbarn solle brennen. Kurz darauf brannte die Scheune, und er fühlte sich selbst viele Jahrzehnte später noch schuldig dafür. Fortan war er sehr ängstlich bezüglich seiner Gaben und setzte diese nicht mehr ein.

Helfen kann bei solchen Blockaden aus diesen oder anderen Inkarnationen, eine Rückführung durchzuführen sowie eine karmische Reinigung.

Zweifel

Häufig stehen uns Zweifel für einen klaren Kontakt im Weg. Wir glauben nicht, dass das, was wir hören, sehen oder fühlen, tatsächlich von der geistigen Ebene kommt, sondern unserer

Fantasie entspringt. Tauchen Zweifel auf, können uns Channel-Medien, die schon viel Erfahrung mit der Geistigen Welt haben, sehr gut unterstützen und uns Vertrauen geben. Und wie schon besprochen, ist es immer wichtig, die Energien und die Stimmigkeit von Botschaften zu überprüfen.

Jedes Medium kennt Zweifel, die besonders am Anfang verstärkt auftauchen. Im direkten Kontakt mit den Engeln war ich mir ihrer Anwesenheit sehr sicher, aber im Nachhinein, zeitgleich mit dem Einsetzen der skeptischen Gedanken, kam die Unsicherheit.

Um Argwohn beiseitezuräumen, dürfen wir uns klar machen, dass die Geistige Welt sich meistens unserer Worte und unseres Wissens bedient. Das Übermittelte ist den eigenen Ahnungen meistens sehr ähnlich, denn unsere Seele beherbergt großes Wissen, und so bekommen wir im Grunde häufig Bestätigungen für etwas, was wir ohnehin schon geahnt haben. Gerade wenn Zweifel auftauchen, aber auch wenn wir Entscheidungen zu treffen haben, ist die Bestätigung der Geistigen Welt besonders hilfreich, denn unseren eigenen Eingebungen vertrauen wir ja nicht unbedingt immer bedingungslos. Und mit der Übung werden wir immer sicherer im Empfangen der Antworten in unserer eigenen Art und Weise.

Schön wäre es, wenn unsere Kinder von klein auf ihre Intuition schulen dürften. Ihr Leben würde dadurch um Einiges einfacher.

Möchten wir für andere channeln, ist es wichtig, sich breitgefächert Wissen anzueignen. Erhalte ich eine Antwort für jemanden, habe aber keinen Zugang zu der Durchgabe, kann die Geistige Welt es nicht transportieren. Es sei denn, wir sind ein Volltrance-Medium, und eine Wesenheit spricht durch uns ohne unser Bewusstsein. Auf einer Messe erlebte ich einmal eine Frau, die als Medium arbeitete und in Spiegelschrift Botschaften aufs Papier brachte. Sie schrieb alles so, dass nur das Gegenüber es lesen konnte. Um dem Kunden die Botschaften zu übersetzen, benötigte sie eine geübte Assistentin, die ihr gegenüber saß und ihre krakelige Schreibweise lesen konnte.

Um Sicherheit zu erhalten, ist es von Vorteil, erst einmal für sich zu channeln oder im Kreis mit Gleichgesinnten, denn wir tragen auch eine ganze Menge Verantwortung, wenn wir anderen Botschaften übermitteln. Manche Menschen interpretieren in die Botschaften der Geistigen Welt etwas hinein, das die Geistige Welt so gar nicht gemeint hat. Es spielen immer unsere unbewussten Vorstellungen und Wünsche mit hinein, und nicht zuletzt sind Botschaften häufig symbolisch gemeint. Diese in der richtigen Weise zu verstehen, kann manchen Menschen Schwierigkeiten bereiten. Ich selbst bin dazu übergegangen, nur noch in Gruppen zu channeln, wenn ich mit den TeilnehmerInnen zum Beispiel ein Wochenende zusammen verbringe. Denn ich weiß, was der Erzengel gemeint hat und kann bei Unklarheiten der Person aufklärend beiseitestehen. Oder in Einzelsitzungen, wo ich hinterher mit dem Klienten über das Gehörte ein Gespräch führen kann. Früher gingen die Teilnehmer nach einem Channeling-Abend nach Hause, und ich wusste nicht, wie sie die Botschaften aufgefasst hatten. Auch dadurch entstehen häufig Zweifel, wenn das, was jemand glaubte zu verstehen, nicht eintrifft.

Skepsis stellt sich zudem ein, wenn man noch nicht ganz sicher ist, ob es die Geistige Welt überhaupt gibt. Es wird zwar an Engel und Geistwesen geglaubt, jedoch wiegen wir uns nicht in Sicherheit. Glauben ist nicht Wissen. Das Wissen um die Realität der Geistigen Welt entwickelt sich mit der Zeit, wenn der Kontakt intensiv gepflegt wird.

Als ich mein erstes Buch *Ein Hauch von Göttlichkeit* schrieb, wusste ich stets, dass der Inhalt der ersten zwei Seiten aus meinem Wissensbereich stammte. Erst im Laufe einiger Minuten konnte ich die Engelenergie so tief in mich einsinken lassen, wodurch sich die Sprache und der Text des Übermittelten veränderten. Durch unser heutiges umfangreiches spirituelles Wissen vermischen sich die Durchgaben der Geistigen Welt mit unserem eigenem Wissen und das unserer Ur-Seele. Wir erhalten durch spirituelle Literatur viele Impulse, auf die die Geistige Welt jetzt in einem Channeling zurückgreifen kann. Nicht selten erinnern wir uns bewusst gar nicht mehr daran, über ein spezielles Thema etwas gelesen zu haben, und sind erstaunt, was dann plötzlich aus der Tiefe auftaucht.

Zu niedrige Schwingung

Befindet sich unsere Schwingungsfrequenz auf einem zu niedrigen Niveau, ist es für die geistigen Helfer schwer bis unmöglich, zu uns durchzudringen, sie sind aber dennoch anwesend. Hier hilft es, sooft wie möglich mit den Schwingungsbeschleunigern zu arbeiten, damit die Grundschwingung angehoben wird. Mehr dazu ist unter dem Thema Schwingungserhöhung zu finden.

Das eigene Höhere Selbst channeln

Als die Ansage kam, in der Zukunft mehr und mehr das eigene Höheres Selbst zu befragen, war ich zunächst verunsichert, ob wir denn den Umweg über unsere geistigen Begleiter machen müssen. Mir wurde von den Engeln übermittelt, dass viele Menschen sich selbst am allerwenigsten vertrauen und stattdessen die Antworten lieber im Außen suchen. Das kennen wir ja: Wir schenken einem Arzt, Therapeuten oder Seminarleiter mehr Glauben als der eigenen Intuition. Wie oft wird uns im Nachhinein bewusst, dass wir es im Grunde schon geahnt haben. So kann es im ersten Schritt sehr hilfreich sein, zunächst den beschriebenen Weg zu gehen und den eigenen Geistführer kennenzulernen. Gerade durch konstante Übung wachsen das Vertrauen und die Sicherheit. Mit der Zeit ist kaum noch ein Unterschied bemerkbar zwischen dem Geistführer und dem Höheren Selbst, zudem ähneln die Antworten sehr unserer eigenen Wortwahl und unserem Wissen. Channeln lernen ist ein ganzheitlicher spiritueller Weg, der wie das Zähneputzen im Alltag ganz selbstverständlich wird. Irgendwann sind wir so weit und brauchen keine Wege mehr, denn alle Antworten sind sofort präsent oder zeigen sich in irgendeiner Form im Leben. Wir hören auch damit auf, nach Antworten zu suchen, denn wir wissen, wenn der richtige Zeitpunkt gekommen ist, ist die Antwort da. Vielleicht erst Tage oder Wochen später, in einem Traum oder indem jemand uns etwas mitteilt. Es gibt unendlich viele Möglichkeiten für die Geistige Welt und das Höhere Selbst, uns etwas zu übermitteln.

Um bewusst das Höhere Selbst zu channeln, gehen wir in die Entspannung und erden uns, wie gehabt erhöhen wir die

Schwingung mit der Öffnungsformel. Ich selbst führe für die Schwingungserhöhung häufige Chakrenreinigungen durch und achte auf eine gesunde und schadstofffreie Ernährung, ausreichend Schlaf und Bewegung. Nun gehen wir aber nicht in den Channel-Raum, wir spüren einfach nach innen und warten auf eine Antwort. Diese steigt von allein aus dem Herzen auf, was nicht unbedingt sofort geschehen muss, vielleicht zu einem späteren Zeitpunkt. Sie kommt auf jeden Fall, manchmal anders als erwartet. Wir lassen die Frage komplett los, gerne stelle ich mir vor, wie ich die Frage in meiner geschlossenen Hand halte, meine Hand öffne und damit die Frage freigebe.

Nun möchte ich euch noch eine sehr intensive Übung mitgeben, die einfach zwischendurch als energetische Reinigung durchgeführt werden kann. Manche sagen im Internet in Videos, dass solche Übungen der Angst entspringen, die Angst nähren und wir uns dadurch mit niederen Wesenheiten befassen. Das sehe ich nicht so: Für mich ist es eine Reinigungsübung, ebenso, wie ich meine Chakren reinige oder mich auf körperlicher Ebene wasche. Mehr nicht! Wir müssen uns nicht weiter damit beschäftigen, aber wir bemerken, wie stark die Wirkung ist und wie sehr wir uns mehr und mehr selbst leben können, authentisch werden und nicht mehr fremdgesteuert sind. In der Authentizität gelangen wir an unseren innersten Kern: die Liebe, und letztendlich wollen wir doch alle dahin.

☆☆☆

Fremdenergien lösen, karmische Belastungen entfernen und niedere Dimensionstore schließen

- Spüre deine Fußchakren und nimm dir vor, ganz im Körper zu bleiben.
- Entspanne dich, atme einige Male tief ein und aus und sinke in eine leichte Trance.
- Sprich innerlich oder laut die Öffnungsformel: **„Ich öffne mein Herz für die Liebe und gehe in mein reines Sein. Ich schließe mich an das göttliche Licht an und an die Liebe von Mutter Erde."**
- Versuche, so tief wie möglich die Liebe zu fühlen und warte einen Moment, bis die Energie durch deinen Kanal zum Fließen kommt.
- Stell dir nun vor, wie die Liebesenergie durch deinen Körper, durch deine Chakren strömt und sich in deinem ganzen energetischen System ausdehnt.
- Sprich innerlich oder laut: „Nichts als die reine Liebe kann meinen Raum betreten."
- Bringe deine Aufmerksamkeit in dein Herz, fühle tief in dein Herz hinein und stell dir vor, du nimmst es ganz liebevoll in deine Hände und sagst deinem Herzen: DANKE! Nun öffnet sich dein Herz zu allen Seiten, und wunderbares Licht aus deinem Herzen erfüllt jede Zelle in deinem Körper mit bedingungsloser Liebe und entfernt alle karmischen Belastungen.

Lass es circa fünf Minuten geschehen.

- Sprich innerlich oder laut: „Ich bitte darum, dass nun speziell ausgebildete Lichtwesen kommen und aus meinem Körpersystem alle darin gebundenen Seelen von verstorbenen Menschen und Tiere erlösen. Mögen sie JETZT aus meiner Energie befreit werden. Und ich bitte darum, dass sie diese Seelen nach Hause begleiten, dort, wo sie hingehören und wo sie in Liebe sein können und glücklich sind."

Lass es circa fünf Minuten geschehen.

- Nun sprich innerlich oder laut: „Lieber Erzengel Michael, bitte löse alle Besetzungen, Fremdenergien und Fremdeinflüsse sowie deren Hinterlassenschaften, wie Abdrücke, Implantate usw., aus allen meinen energetischen Körpern – Aura, Chakren – und auch aus meinem physischen Körper. Hol alles raus, trenne mich ab und lösche alles, was nicht zu mir gehört und mich belastet. Bitte transformiere alles im göttlichen Licht."

Lass es circa fünf Minuten geschehen.

- Bitte jetzt Seraphim Michael, alle niederen Dimensionstore zu verschließen, visualisiere, wie die Tore zu den niederen Dimensionen fest verschlossen werden.
- Nun bitte alle Seelenanteile, die du bewusst oder unbewusst abgespalten hast, zu dir zurück. Sie werden gereinigt im göttlichen Licht und in der Liebe. Empfange sie so liebevoll und mit offenem Herzen, als wenn deiner Kinder, die lange fort waren, wieder zu dir nach Hause kommen.

Lass es circa fünf Minuten geschehen.

- Bedanke dich bei allen Helfern.

Fragen von TeilnehmerInnen

Ich habe immer so einen Druck im Kopf, wenn ich channele. Was kann ich da tun?

Ist der Druck im Kopf leicht, ist das ganz normal und verschwindet nach dem Channeling schnell wieder. Bei stärkerem Druck im Kopf fließt die einströmende Energie nicht gut durch den Körper, sie staut sich im Kopfbereich, besonders bei Personen, die sich ohnehin gerne in den oberen Bereichen aufhalten, sehr viel denken und nicht gut geerdet sind. Bei manchen Menschen fließt die göttliche Energie gerade mal bis zum Halschakra und nicht sehr viel weiter. Meldet sich nun ein hoch schwingender Geistführer, kann der Druck im Kopf enorm ansteigen. In so einem Fall richten wir die Bitte an den geistigen Helfer, den Energiestrom zu verringern, damit sich unser Körper daran gewöhnen kann. Zusätzlich hilft es, sich bewusst vorzustellen, wie mit dem Ausatmen die Energie bis in die Füße herunterfließt. Dadurch fließt der Energiestrom durch den ganzen Körper.

Bei einer Teilnehmerin baute sich schon beim Erstkontakt ein heftiger Druck in ihrem Kopf auf, was sie als sehr unangenehm empfand. In ihrer Nähe spürte ich eine äußerst starke Präsenz, und mir wurde mitgeteilt, bei ihr reiche die Öffnungsformel und sie brauche ihre eigene Schwingung nicht so stark anzuheben, denn diese wäre ohnehin schon sehr hoch. Zudem wurde ihr empfohlen, wie oben beschrieben, die Energie mit dem Ausatmen durch ihren ganzen Körper strömen zu lassen.

Ich sehe zwar Bilder, aber immer verschleiert. Was bedeutet das?

Häufig zeigen sich die geistigen Helfer nicht gleich, weil sie in anderen Dimensionen ein anderes Aussehen haben, das uns etwas erschrecken könnte. Sehen wir statt eines menschlich aussehenden Wesens eine Wesenheit mit einem Tierkopf oder spüren eine stark erhabene Ausstrahlung, kann uns das sehr verunsichern. Da das nicht das Anliegen hoher geistiger Begleiter ist, verschleiern sie ihr Aussehen manchmal und dämpfen ihre Ausstrahlung, oder sie zeigen sich so, wie wir es gewohnt sind. Beispielsweise zeigen sich Engel mit Flügeln, jedoch nehme ich bei Engeln nicht unbedingt Flügel, sondern eher eine große leuchtende Aura wahr, die schon mal mit Flügeln verwechselt werden kann.

Warum spüre ich nichts, wenn ich meinen Geistführer rufe?

Hatten wir nie zuvor einen direkten Kontakt zur geistigen Führung, dann tritt diese ganz sanft in unsere Aura, und ist es jemand nicht gewohnt, Energien wahrzunehmen, fühlt derjenige nicht unbedingt einen Unterschied. Zudem gehen wir ja für das Channeln auf eine höhere Ebene, wo sich unsere Energie nicht mehr so deutlich von der des Geistführers unterscheidet.

Kann ich mit einer hinduistischen Gottheit arbeiten, wenn ich christlich erzogen wurde?

Bei dieser Frau zeigte sich während der Erstkontaktaufnahme eine hinduistische Gottheit. Und einige Tage später tauchte eine Stimme in ihr auf, die ihr mitteilte: „Du sollst keine anderen Götter neben mir haben." Sie war dadurch verunsichert und fühlte Widerstände in sich, die hinduistische Gottheit anzurufen.

Dazu befragte ich Erzengel Jophiel und erhielt folgende Antwort:

„Im ganzen Universum gibt es nichts anderes als Gott, es gibt nicht viele Götter, sondern einen Gott. Alles ist aus Gott erschaffen, insofern seid ihr alle göttlichen Ursprungs, egal, welcher Religion ihr angehört." Weiter führte er aus: *„Der Ausspruch: Du sollst keinen anderen Gott neben mir haben, ist menschengemacht. Das würde Gott niemals sagen, denn Gott ist reine Liebe, und die Liebe lässt frei."*

Ich selbst glaube, dass der Glaube an unterschiedliche Götter eigentlich unterschiedliche Aspekte des einen Gottes sind.

Ich erhalte keine Antworten. Was kann ich tun?

Die Teilnehmerin fand einen guten Weg, um die Zeit zu überbrücken, bis sich Antworten einstellten. Sie ging öfter in den Channel-Raum und meditierte mit ihrem Geistführer – mehr nicht. Hört sich wenig an, ist es aber nicht, denn sie stellte im Alltag einige positive Veränderungen fest. Sie konnte mehr bei sich bleiben und hatte viel mehr Kraft, den Anforderungen des Alltags zu genügen.

Ich bin immer energetisch ausgelaugt und erschöpft nach dem Channeling.

Dieser Dame empfahl ich, noch einmal gut hineinzuspüren, wie sich die Energie der Wesenheit anfühlt, die in dem Channel-Raum erscheint. Denn es gibt Geistwesen, die weise klingen und ganze Vorträge halten, um sich möglichst lange an unserer Energie gütlich zu tun. Normalerweise fühlen wir uns nach dem Kontakt mit einer höheren Schwingungspräsenz wohl und angenehm energetisiert.

Mein Geistführer spricht immer sehr leise, und ich verstehe ihn nicht.

Wir können ganz normal mit unseren geistigen Helfern sprechen. Sprechen sie zu leise, bitten wir sie einfach, laut und deutlich zu sprechen. Sie sind dadurch auch nicht genervt, wie manche Menschen glauben möchten, denn sie wünschen ebenso wie wir, gehört zu werden.

Ich möchte lieber in einem geschützten Rahmen in einer Gruppe channeln. Ist das in Ordnung?

Ja natürlich, beim Channeln sollten wir auf unsere Intuition hören, und wenn sich jemand in einer Gruppe sicherer fühlt, wo die Energie angehoben wird, kann das sehr nützlich sein. Feedbacks von TeilnehmerInnen stärken zudem das Vertrauen in die eigenen Fähigkeiten.

In der Gruppenenergie ist es auch leichter, Kontakt zu höheren Wesen zu erhalten, vorausgesetzt, die Leitung ist in der Lage, die Energie aufzubauen und das Licht zu halten.

Ich channele schon länger, doch seit kurzem gelingt es mir nicht mehr, im Channel-Raum den Kontakt zu meinem geistigen Begleiter herzustellen. Dafür erhalte ich jetzt aber im Alltag sehr oft Antworten. Ist das normal?

Ja, das ist durchaus normal. Du bist, ohne es bewusst wahrgenommen zu haben, schon einen Schritt weitergegangen. Entweder spricht deine geistige Führung jetzt direkt zu dir, oder aber es ist dein Höheres Selbst, das den Kontakt zu dir aufgenommen hat. Das letztendliche Ziel sollte sein, unser eigenes Höheres Selbst zu channeln, denn es bietet viel mehr Schutz, als wenn wir nicht physische Wesenheiten channeln.

Ich erhalte dauernd konkrete Anweisungen meines Geistführers.

In einem Gespräch erzählte mir die Frau, dass es bei den Anweisungen darum ging, sich bestimmte Tiere anzuschaffen, ihre Arbeit zu kündigen und ihre Wohnung neu einzurichten. Die Anschaffungen überstiegen bei weitem ihre finanziellen Möglichkeiten. Sie sei der Chef ihrer Handlungen, riet ich ihr als Erstes ausdrücklich, und sie solle nicht unüberlegt Entscheidungen treffen, die ihr dann später Schaden zufügen könnten. Wie schon weiter oben erwähnt, geben höhere Begleiter solche konkreten Anweisungen nicht, beziehungsweise nur in Ausnahmesituationen, wenn es sehr wichtig für die Person ist.

Schlusswort

Nun hoffe ich, alle Fragen beantwortet zu haben. Wenn nicht, stehe ich gerne zur Verfügung unter meiner Mailadresse:

info@engelheilenmitherz.de.

Auch auf Feedbacks, Erfahrungen oder Ergänzungen freue ich mich.

Der Geistigen Welt bin ich aus tiefstem Herzen dankbar für ihre Unterstützung, aber auch ebenso allen meinen Seminarteilnehmerlnnen und KlientInnen, denn ohne euch hätte ich keinesfalls all die wundervollen Erfahrungen machen dürfen. Niemals hätte ich mich so tief in spirituelle Themen eingearbeitet, wenn ihr nicht so regelmäßig meine Veranstaltungen besuchen würdet. Ganz herzlichen Dank dafür.

Wie ihr wisst, sage ich gerne: Wir alle gehen den Weg gemeinsam und: Ich liebe euch!

Zu folgenden Themen biete ich Seminare an:

- Geistige Selbstheilung – Werde dein eigener Heiler;
- Lerne deine persönliche geistige Führung kennen – Einführung ins Channeln;
- Räuchern;
- The Work™ nach Byron Katie;
- Grüne Smoothies;
- Naturwesen

und was noch alles Neues entsteht. Infos zu den Veranstaltungen sind zu finden auf meiner Homepage:

www.engelheilenmitherz.de

In tiefer Liebe und Dankbarkeit,
Elke Fahrenheim

Über die Autorin

Elke Fahrenheim lebt in einer Kleinstadt in Bayern. Nach langjähriger Tätigkeit als Kinderkrankenschwester bei schwerkranken Kindern absolvierte sie vielfältige spirituelle und psychologische Ausbildungen.
Seit vielen Jahren arbeitet sie nun als Seminarleiterin, in der Einzeltherapie sowie als spirituelle Lehrerin und Autorin.
Ihr Anliegen ist es, Wegbegleiterin der Neuen Zeit für Menschen zu sein, um Hindernisse zu beseitigen, die noch im Weg stehen, um an den Ort im Inneren zu gelangen, wo jedem Menschen die innewohnende Liebe, Frieden und Freiheit ihr Zuhause haben. Sie wünscht sich, dass wir Menschen die liebende Kraft in unserem Inneren finden und leben. Eine Kraft, die Liebe ist. Sie ist nicht im Außen zu finden, sondern wohnt im Herzen und kann uns auf intelligente Weise durchs Leben führen. Haben wir diesen Ort in uns erfahren, kann Frieden einkehren, denn wir sind nach Hause gekommen.

www.engelheilenmitherz.de
info@engelheilenmitherz.de

Petra Beate Heckel

Gesundbeten – Das Geheimnis der Heilung

Wie altes Wissen die Medizin verändert

256 Seiten, A5, gebunden, mit Leseband

ISBN 978-3-95531-138-4

Wiederbelebung eines alten Heilwissens!
Aktivierung der Schöpferkraft!
Bete dich gesund!

Wünschen wir uns nicht alle Gesundheit, Weisheit, Lebensfreude und Vitalität?

Das Gesundbeten ist eine alte Heilkunst, bei der durch die Anbindung an die Schöpferquelle höchst lichtvolle Energien angezogen werden. Zahlreiche Beschwerden, ob körperlicher, mentaler, emotionaler oder seelischer Natur, können durch die Gebete gelindert oder sogar zum Verschwinden gebracht werden, weil sie die Selbstheilungskräfte aktivieren.

Die Gebete sind ein wichtiger Anker, der uns Stabilität gibt, und ein Kompass, damit unser „Lebensschiff“ auf den richtigen Kurs gelangen kann – den Kurs unseres Seelenplans.

Eveline Ehß
KOSMISCHE CHAKREN
Eine Reise zwischen Raum und Zeit
Smaragd

Tina Isensee
Duftreisen
128 Seiten, A5, broschiert
ISBN 978-3-95531-136-0

Positiver Einfluss durch Düfte!
Aufhebung von Energiemangel!
Seelische Entspannung!

Herzlich Willkommen in der fantastischen Welt der Duftreisen.
Duftreisen sind ganz normale Fantasie- oder Entspannungsreisen, in denen der Duft von ätherischen Ölen eine entscheidende Rolle spielt. Durch diese Kombination kann es dir während einer Reise leichterfallen, die beschriebenen Orte zu besuchen oder dich in die verschiedenen Situationen hineinzuversetzen.
Außerdem kannst du die spezifischen Wirkungen der ätherischen Öle nutzen, um abzuschalten oder auch neue Kraft zu tanken.

Wage den Schritt und gehe mit den Duftreisen in einen entspannteren und glücklicheren Alltag.